14歳のときに
教えてほしかった

起業家という
冒険

成田修造

ダイヤモンド社

14歳のときに
教えてほしかった

起業家という冒険

成田修造

14歳の僕は、
まるで暗闇の中で
1人もがいているようだった。

父親が突然、家族を捨て、
間もなく母親は脳出血で倒れて半身不随《ふずい》に。
家事や介護の負担がのしかかり、
生きていくのに必死で、
自分が不幸と思い悩む余裕さえなかった。

明るい未来なんてまったく見えない。
やりたいこともない。

同級生たちのように、
スポーツ選手になりたいとも、
お金持ちになりたいとも、
僕にはまったく思えなかった。

それでも、
「何かに情熱を燃やしたい」
という気持ちだけは、
心の奥底に眠っていた気がする。

両親に頼れない家庭環境だったせいか、
僕は4歳上の兄・悠輔に強く影響された。

現在、経済学者・起業家として活動している兄は、
昔から難しい本を読み、
普通の人とはちょっと違った視点を持っていた。

その兄が、ふと思いついたように、
高校卒業を控えていた僕に告げた言葉がある。
それは、

これからの時代は
「ＩＴ」

「ファイナンス」

「起業家精神」

のかけ算が重要になる。

兄が言う「起業家精神」とは何なのか、
直接聞いたことはない。
きっと聞いても答えてはくれなかっただろう。

だけど僕は、
何かに依存せず自立して、
社会や人のために目標を立て、
リスクをとって行動する姿勢
だと勝手に解釈した。

不安に満ちた人生を
生き抜くための羅針盤のようなもの。
それが起業家精神であり、
今を生きるすべての人にとって大切なものだと思っている。

大学生になった僕は、「起業家精神」という
新しいメガネをかけて世の中を眺めてみた。

すると、僕が知らなかっただけで、
この世界にはさまざまな人がいて、
面白いことがたくさん起きていることがわかってきた。

何者でもなかった僕でも、
ちょっとした行動を起こすだけで、
刺激的な世界に足を踏み入れることができ、
気がつけばスタートアップの創業メンバーになっていた。

その後、僕は役員として
株式上場という大きな目標を果たすことになる。

これまでの30年ほどの人生で、確信したことが1つある。
それは、
リスクをうまくとることで、
人生は好転するということ。

「日本には希望がない」といわれて久しいけれど、
僕の考えは違う。

リスクをとらない大人たちの言葉に同調するべきではないし、
まだ見ぬ未来を恐れる必要なんて、まったくない。

起業家精神があれば、どんな時代でも、
どんな場所でも、僕たちは変化を起こせるのだ。

今も僕は、起業家精神を持ちながら、
新しいチャレンジに日々情熱を燃やしている。

起業家精神という情熱の炎は、
かつて暗闇の中にあった
僕の人生を明るく照らしてくれている。

はじめに

「変わらなければならない」

そう強烈に思ったのは、僕が14歳のときでした。

父が突然、家に帰ってこなくなり、もともと精神的に不安定だった母はパニックに。それまで過ごしてきた僕の平凡な日常は、音を立てて崩れはじめました。

それから間もなく、母はなんとか父の居場所を突き止めます。

母は、僕と兄の悠輔をタクシーに乗せ、父がいるというマンスリーマンションに向かったのです。

父の部屋の玄関前に着いた瞬間、僕はなんともいえない居心地の悪さを感じました。

そして、母がチャイムを鳴らすと、ゆっくりとドアが開き、そこに父親の姿がありました。

テレビドラマや小説なら、この再会をきっかけに、家族が再生するストーリーもあり得るでしょう。

でも、僕が目にしたのは、母に向かって「バカ野郎、帰れ！」と怒鳴る父親の顔。そして、何も言い返せずに号泣する母の顔でした。

散々罵倒された僕たちは、再び3人だけで家に戻る他ありません。

帰路につくタクシーの中は、母のすすり泣く声が響いていました。

「もう、うちはダメなんだな」

そう思いながら、僕は少しずつ現実を受け止めました。

「自分の行動を変えなくてはいけない」

「もう、今までと同じではいられない」

そんなことが、頭の中を駆け巡りました。


あれから20年近くがたった今、僕は14歳の頃には想像すらできなかった日々を過ごしています。

2012年、その後東証グロース市場に上場する国内最大級のクラウドソーシング会社「クラウドワークス」に、大学4年生で（社長を含めて）4人目の創業メンバーとして入った僕は、2022年12月に退社するまで、普通はできないような多くのことを経験しました。

創業3年1カ月でクラウドワークスは株式上場を果たし、僕自身は25歳で上場企業の取締役副社長COO（最高執行責任者）として会社を経営し、2022年には売上高100億円、営業利益10億円を達成。従業員数は、アルバイト・社員を含めて450人を超える組織に成長しました。

多忙を極めながらも、精神的にも金銭的にも恵まれた生活を手にすることができたのです。

「25歳で上場企業の副社長」という経歴だけを見ると、僕のことを成功者と思うかもしれません。

でも、僕の人生は決して順風満帆だったわけではなく、むしろ挫折ばかりでした。

父の失踪からはじまった家庭崩壊に加えて、中学・大学の受験不合格、学生起業の失敗など、挫折を挙げればきりがありません。

いつも悩みを抱えていましたし、自信がなく、人生が暗闇の中にあるように思っていた時期もありました。

この本の第1章では、そうした恥ずかしい過去も含めて明らかにしています。

どんな環境であっても挑戦できるし、挫折したとしてもやり直せるということを、僕の実体験から伝えたかったのです。僕は暗中模索する中、**「起業家という冒険」**をさまざまな場面で選択した結果、人生が大きく変わりました。

続く第2章では今、日本という国が抱えている問題や、秘めている可能性をまとめました。

経済停滞が続きネガティブな話題ばかりの日本ですが、起業やスタートアップの視点から見ると、また違った現実が見えてきます。僕自身は、日本の未来について、明るい見通しを持っています。

そして第3章では、「副業」「独立」「社内起業」「転職」「スタートアップ起業」という起業をとり巻く5つのタイプの生き方についてまとめました。

第4章では、僕自身や周りの人の生き方を通して、自分の人生を自分でマネジメントするということについて述べています。

起業というと、ゼロから巨大な会社に育て上げたり、無一文になることを覚悟で荒波に飛び込んだりするイメージを持たれるかもしれませんが、僕はもっと広くとらえています。

どんな規模のビジネスでも、どんなスタイルでもよく、自分自身の強みや特性を見出し、会社や組織に依存しない自立した生き方を目指すなら、それは立派な起業なのです。

そんな起業家という冒険は、日本という国の置かれた状況を考えても、1人ひとりの人生を充実させる意味でも、非常に意味のあるものだと考えています。

この本を読んでいただければ、「起業」という言葉がより現実味のあるものになり、これまで常識と思われていたキャリア論と違った視点を持つことができます。

そして、これからの日本で生きるうえで、起業家という冒険が、自分自身の人生を前向きに生きるために大きな武器になることをご理解いただけると思います。

それでは、僕が14歳だった頃のことから、話をはじめていきます。

目次

第2章 スタートアップは日本に残された唯一の希望

第3章 5つの起業戦略

副業・独立・社内起業・転職・スタートアップ起業

第4章

自分の人生は自分でマネジメントする

第1章

借金まみれの家庭で覚醒した起業家人生

社会不適合者の父

今にして思えば、父が家族のもとからいなくなる前兆はありました。

父が職場に行かず、家でボーッとしている日が増えていたのです。

僕の家族は少し特殊で、宝石店で働く母が家計を支え、父は仕事をしたりしなかったりという感じでした。僕が小学生の頃は比較的仕事が続いていたようなのですが、その前は仕事をすぐに辞めては、麻雀やパチンコにいそしむ毎日だったと聞いています。

ギャンブルだけではなく、酒やタバコ、女性との浮気にも父はどっぷりと浸かっていたそうです。

それでいて住宅ローンを組んで都内に自宅を購入し、巨額の借金を抱えていました。


このように書くと、父は粗暴で知的レベルが低い人物だと思われるかもしれません。

でも実のところ、父はとても知的な一面があったのです。

母の話では、父は全国屈指の東大進学者数で知られる中高一貫校、麻布中学・高校に通い、その同級生からも頭のキレにおいては一目置かれる存在だったそうです。

実家には、父が買った数千冊もの本がありました。マルクスやカント、小林秀雄、寺田寅彦など、いわゆるリベラルアーツと呼ばれる分野の専門書が多く、クラシック音楽のCDも数え切れないほどありました。

おそらく父は、高尚なものに対する憧れを抱いていたのだと思います。

僕は子どもの頃、父と接する機会がそれなりにあり、キャッチボールをした記憶も残っているのですが、会話をした記憶はほとんどありません。

ただ、僕は父のことを「周りの大人とは違う人」「世の中を斜めから見る人」という印象を抱いていました。

――知的な社会不適合者

父をひと言で言い表すなら、そんなフレーズが頭に浮かびます。

これは僕の想像にすぎませんが、父が破滅的な生き方をしたのは、彼なりの理想があったからなのかもしれません。

だけど、社会を変えるだけの力はなく、かといって今の社会に迎合することもできない。

そんなジレンマを解消しきれず、ある意味で自己破壊に陥り、母と僕ら兄弟は巻き込まれてしまったのでしょう。

暗闇の中でもがく日々

父が失踪する前から、僕は「**何をしてもうまくいかない**」と無力感を抱えていました。

小学6年生のとき、私立中学の受験に挑戦したものの、第一志望の学校に落ちてしまい、次の目標を見つけられず、悶々《もんもん》と日々を過ごしていたのです。

もっとも、中学受験にそこまでの思い入れがあったわけではなく、兄が父と同じ麻布中学に合格したので、なんとなく僕も受験をしただけでした。

そうして僕は滑り止めで合格した中学に入学したのですが、周りの同級生や先生となじむことができませんでした。

中学受験に落ちたとはいえ、自分で言うのもなんですが、僕は他の同級生より成績がよく、スポーツも得意なほう。積極的に、そしてハッキリと、自分の意見を主張するタイプでもあったので、何かと目立つ存在でした。

とはいえ、決して人気者だったわけではありません。強気な性格で周りとよく衝突していました。

ていました。

同級生にプレッシャーをかけたり、先生の言うことに反発したりしていたことを、今でもよく覚えています。

怒られても反発するような生徒だった僕は、先生からますます目をつけられるようになります。

でも、いくら怒られても納得できないものは納得できない。

周りにうまく合わせられなかった僕は、大きな夢や目標を持つこともなく、**「ちょっと目立つ問題児」**を続ける日々でした。

今にして思えば、あの頃の僕の中には、他人からは見えない〝秘めたパワー〟があったのだと思います。

けれど、それをどう発散したらいいのかわからず、フラストレーションを抱え、それが露骨に態度に表れていたのでしょう。

相手の意見に納得できなければ、教師であろうがストレートに口に出してしまい、ときには友人に手を出してしまう。そのような、本当にダメな人間だったのです。

そんな僕が、唯一打ち込んだのがスポーツでした。

もともと小学生の頃に通っていた学童保育がスポーツに力を入れていたことで、僕はいろいろなスポーツが好きになりました。小学生のときは剣道や卓球に明け暮れ、中学・高校ではバスケットボール部に所属し、ソフトボールやサッカーもよくやっていました。

スポーツのいいところは、ルールがはっきりしているところ。学校と違って、どんな努力をすれば正解なのかが、わかりやすいところが自分の性に合っていたのでしょう。

ただ、スポーツに対しても、僕はプロ選手を目指すほどの情熱を持てませんでした。

何かをやってみたい、だけど何にも見つからない……。
大人たちは何も教えてくれないし、むしろ僕の感情や行動を押さえつけてくる。

そんなふうにモヤモヤした気持ちを、小学生の僕はずっと抱えていた気がします。

今のようにインターネットが普及していたら、僕は自ら人生の方向性を見出せたのかもしれませんが、当時はそのような環境は整っていませんでした。

学校の生活とは違う人生があることを知れば、自ら積極的にレールから外れる選択をしていたと思います。

でも、当時の僕がアクセスできた情報は少なすぎて、ヒントさえ見つけられませんでした。

そんな中、「兄が受験していた」というだけの理由で中学受験に挑戦したわけですが、第1志望に受からず失敗。必死に受験勉強をしたのであれば、何か人生の糧になったかもしれませんが、そうとは決して言えない状態で、不完全燃焼に終わってしまった記憶があります。

中学受験という、なんとなく掲げた目標さえ失った僕は、未来がまったく見えなくなってしまいました。そして、ぼんやりと暗闇を歩いているような感覚に、常に襲われていたのです。

母親が脳出血で倒れ半身不随に

僕が14歳のときに父がいなくなった後、家族の生活は母が1人で支えるようになりました。

母は祖母との関係が悪く、母方の親戚から支援を受けられる状態ではありません。僕は何度も母が祖母から電話越しに怒鳴られているのを耳にしていたので、事情は中学生ながら察していました。

母は一生懸命仕事をしてくれたものの、家計は苦しく、父とともに暮らした家は住宅ローンを支払えず差し押さえられ、僕たち家族3人は賃貸アパートに引っ越すことになりました。

そうした中、母は徐々に精神を病んでいきました。

少ない収入で育ち盛りの子ども2人を食べさせなければいけないプレッシャーに加え、父が戻ってこないことが母にとって大きなダメージになっていたのだと思います。

父と母は、決して仲が悪かったわけではありません。むしろ母は、父に対して愛情深く、だからこそ酒やギャンブルなどに明け暮れていた父を見放さなかったのです。

今思えば**父と母の関係は「共依存」のような状態**でした。

父は生活の多くを母に依存し、そのことに母はいら立ちながらも、それを張り合いにしている状態だったのではないかと思います。

そんな母にとって、父の失踪による喪失感がどれほど大きかったのかは計り知れません。

父がいなくなってから、母はなかばノイローゼのような状態で仕事を続けていました。平日は遅くに帰宅し、休日は家事に追われ、息をつく間もなかったはずです。

そんな母に、やがて限界が訪れます。

父の失踪から3年後、僕が17歳のときに、母は突然倒れてしまいました。


あれは、夏の暑い日でした。

僕が自分の部屋にいると、兄が血相を変えて飛び込んできました。

急いで見に行くと、そこには倒れて泡を吹いている母がいたのです。

すでに意識はなく、話しかけても返事はありません。


救急車で運ばれた母は**「急性くも膜下出血」**と診断され、すぐに手術が施されました。「脳動脈瘤《りゅう》」という〝こぶ〟のような血管のふくらみが突如として破裂したことにより、母は倒れたのです。

それから3日間、生死をさまよい、担当医から「50%以上の確率で死ぬ」と宣言されていたにもかかわらず、幸いにも母は一命をとりとめました。

しかし、母には後遺症が残り、半身不随になってしまったのです。

それでも環境を恨まない

その後、母は退院し、数カ月のリハビリを終えました。そして、食べていくために、「**障害者雇用**」の枠で仕事を再開しました。

しかし、倒れる前の収入は確保できません。もともと抱えていた家計の問題はさらに悪化し、母の介護も必要になったのです。

食材の買い出しや料理、掃除、洗濯、母の介護など、ほぼすべてを、兄と僕がやることになりました。兄は母が倒れた2年後には米国留学が決まり、その後は母と僕の2人暮らし。

日常的に家族の介護や世話をする子どもは「**ヤングケアラー**」と呼ばれ、近年問題になっていますが、まさに僕はそのような状態だったのです。

このように父の失踪や母の障害のことを話すと、「辛かったでしょう」と言われることがあります。

でも、実のところ僕自身は「辛かった」と思ったことも、落ち込んだりしたこともなく、今でも両親を恨むような気持ちはありません。

強がりではなく、本当にそう思っているのです。

僕にとって家族の問題は、災害のようなものでした。

両親が僕に対して直接何かをしたわけではなく、僕を殴ったわけでもない。ただ僕は、自分ではどうしようもない状況に巻き込まれただけなのです。

そう思えたからこそ、僕は現実を受け入れ、やるべきことをやろうと思えました。

状況が変わったのなら、変化に合わせて生きていくしかありません。

それに、貧しい生活の中でも楽しいことはありました。

学校帰りに食材を買うのが日課となりましたが、まさにゲーム感覚。1カ月に食費として使えるのは3万円だったので、1日1000円で母と自分、たまに家にいる兄の食事を用意しなくてはいけません。

ただ、高校生の僕は育ち盛りで、バスケ部にも所属していたので、できるだけ身体を大きくしたかった。

そこで、**「いかに安く、たくさん、栄養価の高い食事ができるか」**という課題を設定して、これにゲーム感覚でチャレンジすることにしたのです。

1つの解決策として、たんぱく質の補給のために、特売の鶏肉をよく買っていました。

たまに豚肉も買いましたが、より安い鶏肉が中心です。牛肉は高価ですから、高校を卒業するまで家のお金で食べたことはありませんでした。

ある日、酢豚を食べたくなったのですが、これも鶏肉で作ってみたら、案外おいしかったことを覚えています。

ミンチ肉が欲しいときも、買うと高いので、コスパのいい鶏肉の塊を買ってきて、包丁を片手にみじん切りにしていました。ほとんどが、鶏のそぼろでした。

そんなふうに工夫を重ねながら、僕は悲しいと思う暇もなく過ごしていたのです。

家が貧しくなったことは事実ですが、僕は他人が思うほど不幸ではありませんでした。そんなふうに思えたのは、周りの人に助けられたことも多かったからです。

僕の母が倒れたとき、バスケ部の後輩のお母さんが弁当を作ってくれたこと
友達のお母さんが家に呼んでくれてご飯を食べさせてくれ、泊めてくれたこと
学生服のお尻に穴が開いたとき、学校の先生が昔使っていた学生服をくれたこと
僕の状況を見かねた人が、何度か焼き肉を食べきれなくなるまでごちそうしてくれたこと

——そんな周囲の人の温かさがあったからこそ、僕は平常心を保てたのだと思います。

あのときに手を差し伸べてくれた皆さんには、心からの感謝しかありません。

兄からもらった本36冊のリスト

自分の力で生きていかなければいけない。

そのことをはっきりと自覚した高校時代、僕は読書に興味を持つようになりました。

相変わらず将来を見通すことができずにいた僕は、その原因が自分の知識不足にあると自覚したのです。

そして、本を読んで知識を増やせば、もっと解像度を高くして社会を理解し、自分の進むべき方向が見えてくると考えました。


とはいえ、どんな本を読めばいいのか、いまひとつわかりません。

そこで相談したのが、兄の悠輔でした。兄は経済学者としてテレビやネットの番組に出たり、本を出したりしているので、ご存じの方がいるかもしれません。

学者として研究をするだけでなく、自分で会社をつくり、データ・アルゴリズム・数学・ポエムを使ったビジネスや、公共政策のデザインなどの活動もしています。

僕にとって兄は、昔から少し不思議な存在でした。

兄は極度の睡眠障害で小・中・高と不登校だったのですが、自分の興味のあることには熱心に取り組んでいました。

小学6年生のときに自分でPCを作ったり、新聞の切り抜きを集めて友達とシェアしたりしていたことをよく覚えています。

高校生になった兄は、文芸評論家で哲学者の柄谷行人さんが主宰する「NAM」というコミュニティに出入りするなど、とにかく普通の人と興味の幅や行動が違っていたのです。

そんなことから僕は兄のことを「**自分の知らない世界を知っている人**」と認識していたので、あるとき、なんとなく「どんな本を読めばいいかな」と相談してみたのです。

そこで兄が教えてくれたのが、次の36冊でした。

大西巨人『精神の氷点』（みすず書房）
小島信夫『抱擁家族』（講談社文庫）
田口賢司『ラヴリィ』（新潮社）
中原昌也『マリ&フィフィの虐殺ソングブック』（河出文庫）
森川嘉一郎『趣都の誕生』（幻冬社）
福田恒存『人間・この劇的なるもの』（中公文庫）
坂口安吾『堕落論』（新潮文庫）

柄谷行人『〈戦前〉の思考』（講談社学術文庫）
浅田彰『「歴史の終わり」を超えて』（中公文庫）
蓮實重彦『スポーツ批評宣言あるいは運動の擁護』（青土砂）
吉本隆明／武井昭夫『文学者の戦争責任』（淡路書房）
市川白弦『仏教者の戦争責任』（春秋社）
対馬斉『人間であるという運命』（作品社）
鎌田慧『狭山事件』（草思社）
田川建三『キリスト教思想への招待』（勁草書房）
浅見定雄『なぜカルト宗教は生まれるのか』（日本キリスト教団出版局）
小室直樹『痛快！憲法学』（集英社インターナショナル）
平井宜雄『法律学基礎論覚書』（有斐閣）
関曠野『民族とは何か』（講談社現代新書）
遠山啓『無限と連続』（岩波新書）
長谷部恭男『憲法と平和を問いなおす』（ちくま新書）
藪下史郎『非対称情報の経済学』（光文社新書）
木下清一郎『心の起源』（中公新書）
中田力『いち・たす・いち』（紀伊國屋書店）
苫米地英人『洗脳原論』（春秋社）

山本貴光／吉川浩満『心脳問題』（朝日出版社）
岸宣仁『「異能」流出』（ダイヤモンド社）
矢沢永吉『成りあがり』（角川文庫）
エドワード・W・サイード『知識人とは何か』（平凡社ライブラリー）
アヴィナッシュ・ディキシット／バリー・ネイルバフ『戦略的思考とは何か』（CCCメディアハウス）
ロルフ・デーゲン『フロイト先生のウソ』（文春文庫）
ドナルド・E・クヌース『コンピュータ科学者がめったに語らないこと』（エスアイビー・アクセス）
サイモン・シン『フェルマーの最終定理』（新潮社）
アマルティア・セン『貧困の克服』（集英社新書）
ケネス・J・アロー『組織の限界』（岩波書店）
デュワイト・B・クレイン他『金融の本質』（野村総合研究所）

リストを見てわかるように、難解な本ばかりです。そこまで読書をしてこなかった僕にとっては、読み通すのも難しいレベルでした。

実際、読みながら何回も寝落ちしてしまいました。

でも僕は、「**ここに人生のヒントがある**」と信じて、本のリストを自宅の冷蔵庫に張り、図書館で借りて読み続けました。そして、最終的には36冊すべてを読破したのです。

もちろん、当時の僕が36冊の内容をすべて理解できたはずはありません。でも、この36冊を通じて、**〝思考の幅〟が広がった**ことは間違いありません。

優れた本を読むと、世の中にはいろいろな価値観があり、多種多様な考え方をする人がいることがわかります。

学校で教わっていることは社会のほんの一部であり、実社会には理解することがあまりにも難しい広大な課題や考えが広がっていることを知ることができました。

そのことが、学校教育の枠内に押し込められていた当時の僕にとって、驚きであるとともに、希望に感じられたのです。

たとえば、『「歴史の終わり」を超えて』を読めば、東西冷戦の終焉から民主主義と社会主義という分断の本質が少しずつ浮かび上がります。その視点から21世紀の中国の台頭やロシアによるウクライナ侵攻などを眺めれば、より社会の解像度は上がります。

『フェルマーの最終定理』を読めば、数学の難問に真正面からぶつかる世界の天才数学者たちの苦悩が垣間見え、自分の人生を考えるきっかけにもなります。また、『精神の氷点』や『堕落論』を読めば、戦後の日本がいかに強烈な精神的失墜から立ち上がってきたのかを感じとることができます。これらの積み重ねで社会を知ることができ、思考の幅が広がったのです。

東大合格を戦略的に目指してみた

意外に思われるかもしれませんが、高校時代の僕はアートにはまっていました。

兄に教わった36冊をきっかけに、読んだ本は200冊を軽く超え、映画は年間100本ほど見て、音楽はロックやクラシック、ジャズなどを幅広く楽しみました。

美術館にも週1回程度は通っていましたが、苦しい家計状況の中で文化的な生活を送ることができたのは、ほぼ図書館のおかげです。

自分から主体的に動けば、お金がなくても、どんな環境でも、いくらでも学べると、僕自身が証明しています。

そんな生活を送りながら僕はバスケ部の活動に打ち込み、母の介護や家事もしていましたから、とにかく忙しかった記憶があります。

そうして高校3年生になり、バスケ部の夏の大会が終わった9月からは、一気に受験モードに切り替えました。

僕の第一志望は、東京大学でした。東大は兄の母校で、ときどき僕も授業に潜り込んでいましたが、僕自身は東大に特別な思い入れがあったわけではありません。

ただ、当時の成績からストレッチした目標を設定しようと考えた結果、東大がちょうどよかったのです。9月から5カ月間しっかり勉強すれば、合格を狙えると考えました。

漫画『ドラゴン桜』を読んだことのある人はイメージできると思いますが、受験勉強は頭の良い悪いよりも、勉強法やテクニック、マインドセットが大事です。

合格という目標に向けて戦略を立て、その通りに実践することができれば、合格を狙えます。

当時はお金の余裕がなかったので、塾に通うことはできませんでしたが、家には兄が使っていた受験参考書がたくさん残されていました。

その中には受験アドバイザーで精神科医の和田秀樹さんの著作もありました。そうした本で紹介されていた受験テクニックや勉強法をとり入れつつ、僕は次のように合格に向けた3つの戦略を立てました。

①目標点数を決めて科目ごとに必要な勉強時間を割り出す
②点数アップが見込めない科目を捨て、効果の出せる科目に注力する
③計画通りに進まないときは、プロセスを考え直す

そして、ひたすら勉強に時間を費やしたのです。高校のバスケ部の大会が夏に終わってからは、おそらく毎日12～14時間は勉強していたと思います。

休日は、朝からコーヒー1杯でカフェに入り浸り、徹底的に受験勉強をしました。

5～6カ月の間でしたが、かくして受験本番を迎えたときは、僕としては十分にやりきった感覚がありました。

結果は、惜しくも合格点に2点足りず、東大は不合格になりましたが、今でも当時の僕の目標設定と行動は間違えていなかったと思っています。

目標設定というと達成することだけに意味があるように考えがちですが、決してそうではありません。

目標設定からやるべきことを分解し、行動に移すプロセスそのものに大きな価値があり、ときには目標達成そのものよりも大きな意味を持つことがあります。

そのようなことを受験から学べたのは、その後の僕の人生にとって大きな財産になりました。

「起業」に向かわせた2冊の本

僕は今、「起業」を軸に人生の戦略を考えています。

詳しくは後ほど書きますが、大学生のときに社員数20人のベンチャー企業に就職し、学生起業し、その後スタートアップに創業フェーズで入るなど、常に起業家的な生き方・働き方を心がけてきました。

もっとも、大学受験が終わる18歳までは、僕は「起業」というキーワードが頭に浮かぶことさえありませんでした。

周りにそうしたことを教えてくれる人はいませんでしたし、読んでいた本もリベラルアーツが中心で、起業との接点がほとんどなかったのです。

僕が起業に興味を持ったのは、またしても兄がきっかけでした。

大学受験が終わった頃、兄が「これは読んでおいたほうがいい」と、次の2冊の本を教えてくれたのです。

大前研一『企業参謀』（講談社文庫）
保田隆明『企業ファイナンス入門講座』（ダイヤモンド社）

『企業参謀』は、組織で戦略的に思考する方法や、企業が競争で生き残るためのヒントを紹介した本で、『企業ファイナンス入門講座』は、企業の財務戦略の基本を実例とともに紹介した本です。

この2冊をなんとなく読みはじめると、ページをめくる手が止まらなくなり、「ビジネスの世界ってこんなに面白いのか！」と衝撃を受けました。

ビジネスは顧客指向で、論理的で、数字で表現でき、チームスポーツという側面もある。自分の強みとビジネスは、フィットすると思ったのです。

また、トップが決定する〝戦略〟が企業の命運を左右するというドラマにも痺《しび》れました。

それまで漠然としていたビジネスというものが、リアルな社会とつながる〝肌触り〟のあるものに感じられ、自分もやってみたいと思ったのです。

「ビジネスの道に進んで、いつか起業する」

18歳でそう心に誓ったとき、僕はそれまで真っ暗に思えていた未来に、急に明るい光が差したような気がしました。

これから必須の起業家精神

2冊の本を読んだのとほぼ同時期に、兄は僕に2つのアドバイスをくれました。

「これからの時代はIT・ファイナンス・起業家精神のかけ算が重要になる」
「やりたいことと、お金の交差点を探せ」

ビジネスマンの必須スキルとして、一般的には「IT・ファイナンス・英語」が挙げられます。

しかし、兄からは「**起業家精神**」という言葉が出てきました。

起業家精神という言葉を僕なりに解釈すると、「**何かに依存せず自立して、社会や人のために目標を立て、リスクをとって行動する姿勢**」と言いかえられます。

実際にゼロから起業するかどうかに関係なく、何かに依存せず自立して、社会や人のために目標を立て、リスクをとって行動する人材になれるか。ここで問われるのが、起業家精神です。

兄がこのアドバイスをくれた2008年は、初代のｉＰｈｏｎｅが発売された翌年でした。

米グーグルがモバイル基本ソフト（OS）「アンドロイド」を発表したり、マイクロソフトが世界的なSNSになろうとしていたフェイスブック（現・メタ）に2億4000万ドルを出資したりと、世の中が大きく変革していた頃だと思います。

2000年代は、日本でも楽天などの新興企業がプロ野球球団を保有したり、ソフトバンクが携帯電話事業に参入したりと、ベンチャーが世の中を賑わせました。

そうした世の中の動きを見て、兄は起業家精神という言葉を使ったのかもしれません。

これからの時代は、大企業など既存の枠組みから飛び出した起業家が世界を塗り替えていく。

「そのことに気づいて行動していったほうがいいよ」と、兄は伝えたかったのかもしれません。

2つめのアドバイス「やりたいことと、お金の交差点を探せ」も、印象的な言葉でした。単に「やりたいことをやれ」と言わないところが、兄らしさです。

やりたいことができたとしても、お金にならなければ続けられません。かといってお金ばかりを求めていると、人生は虚《むな》しいものになってしまう。理想だけでもダメだし、理想がなくてもダメ。

僕たち兄弟は、父が理想を求めて人生を壊してしまったり、お金を得るためにやりたくない仕事につかざるをえない状況になってしまったりと、そういう姿を見てきたというのも大きかったのかもしれません。

自分らしく、なおかつ経済的にもある程度余裕を得ながら生活できる。そんな状態を目指すべきだということを、あらためて僕が社会に出るタイミングで兄は教えてくれたのです。

起業サークルでビジネスを学ぶ

東大の入試に落ちた僕は、最初は浪人して東大に再チャレンジをすることも考えました。兄は一浪で東大に入りましたし、僕は2点差での不合格だったので、次の入試で合格することができたかもしれません。

でも僕は、考えた末に現役合格していた慶應義塾大学に入学することを決めました。ちなみに経済的な状況から、奨学金を得ての進学でした。

あの頃、僕はすでに兄から教わった本や助言から「起業」という人生の方向性が見えていたので、浪人してまた1年を受験勉強に費やすよりは、早く人生を前に進めて、ビジネスを学び、起業にチャレンジしたほうが合理的で妥当だと思ったのです。

慶應義塾大学に入学してから間もなく、僕はたまたま勧誘チラシを見て、東大、慶應、早稲田など、さまざまな大学の学生が集まるインターカレッジ（インカレ）の起業サークルに入りました。

入ったのは「**OVAL（オーバル）**」という起業サークルで、日本と中国と韓国の学生が一堂に会して英語でビジネスプランを作り、社会人の審査員によって優勝を決めるという国際ビジネスコンテストを運営していました。

企業の協賛金を得て活動しているサークルのため、自分たちで資金や審査員を集める必要がありました。

僕はスポンサーを探す活動などを通じて、名刺の渡し方からはじまり、パワーポイントの使い方、営業の手法など、いろいろなことを学びました。正直言って、学校の授業よりも実践的で、有意義だったと思います。

この起業サークルを通して、僕は多くの起業家・経営者に出会うことができました。

ミドリムシの技術を軸にバイオジェット燃料などを開発するユーグレナの代表取締役社長である出雲充さん、印刷・広告プラットフォームを展開するラクスルの代表取締役会長の松本恭攝さんなどは、サークルの先輩にあたります。

当時のイベント参加者やスタッフには、他にもたくさんの国内外で活躍する起業家がいました。自分の将来のキャリアや起業のアイデアを相談して議論することもありましたが、大学生の頃の僕は尖《とが》っていて、先輩だろうがお構いなしに自分の意見をぶつけていました。

きっと「**生意気なヤツだ**」と思っていたでしょうが、相談にのっていただいた先輩がたくさんいたからこそ、僕の起業家という冒険が進んでいきました。

先輩起業家の熱が伝染する

起業サークルを通じて出会った経営者は挙げればきりがありませんが、特に刺激的だったのが、先ほども触れたユーグレナの代表取締役社長、出雲充さんです。

ユーグレナはミドリムシの研究・生産を行っている東証プライム市場に上場するバイオベンチャーで、ヘルスケア事業をはじめ、エネルギー・環境事業、バングラデシュの人たちを支援するソーシャルビジネスなどを手がけています。

出雲さんは、はじめてお会いした頃から応援してくださり、僕が「会いたい」と連絡すると必ず会ってくれて、キャリアについて相談にのってくれたり、ユーグレナを起業したときのことを教えてくれたりと、大きな刺激を受けました。

出雲さんがユーグレナを創業したのは、「世界から貧困や飢餓をなくしたい」という強いパッション（情熱）からでした。

東大に入り、とあるインターンシップでバングラデシュを訪れた出雲さんは、栄養失調に苦しむ子どもたちを目の当たりにして、栄養豊富な食材を見つけるべく生物学を学びはじめます。

そこで、ミドリムシ（別名：ユーグレナ）と出合ったのです。

東大卒業後、出雲さんは東京三菱銀行（現・三菱ＵＦＪ銀行）に就職しましたが、週末にミドリムシの研究を重ね、ついに起業に踏み切ります。

その後は収入が途絶え、資金が尽きかけたそうですが、当時ライブドアの社長だった堀江貴文さんによる支援や、伊藤忠商事との契約が決まったことなどから事業を立て直し、２０１２年に株式上場を果たすに至りました。

今ではミドリムシ由来のバイオジェット燃料で、飛行機を飛ばすところまできています。

このような起業家のエピソードが、大学生だった僕にとっては面白くて仕方がなかったのです。そして、「僕も何かやりたい」と思わずにはいられませんでした。

当時大学生だった僕は、まだ若くて社会が見えていないがゆえに「ひょっとしたら自分もできるかもしれない」という根拠のない自信を持つことができたのです。この「ひょっとしたら」という考え方は、起業家精神の中枢をなす、非常に重要な考え方です。

起業家やその周りには情熱的な人が集まりますが、その熱は伝染します。まだ学生だった僕も、**「起業したい！」と思わずにはいられなくなったのです。**

学生インターンから正社員に抜てき

大学1、2年生のときに起業サークルでさまざまな知識を吸収し、経験をした僕は、次の道を歩みはじめます。

もともとサークルのビジネスコンテストが大学2年生の夏で終了することもあり、次は実際のビジネスの現場に行こうと決めていました。

ビジネスコンテストでは、アイデアを出して議論することはあるものの、実際にプロダクトやサービス、組織をつくり、お客さんに価値を届けるところまでは実践しません。

近い将来、起業するためにも、まずはビジネスのリアルな現場を経験するべきだと思ったのです。

それまでよりリアルで厳しい環境に身を置くことで、自分よりはるかにレベルの高い人たちにもまれ、成長を加速させたい。そんな想いで、働く会社の発掘に動き出します。

企業探しに動き出した僕は、東大、慶應、早稲田などの先輩経営者のインタビュー記事をまとめたフリーペーパー『OB・OGガイドブック』（スローガン）を目にします。

おそらく100人以上の記事を読んだと思いますが、その中でパテントビューロ（現・アスタミューゼ）というベンチャー企業の記事が目にとまりました。

パテントビューロは、知的財産の検索エンジンを開発することで、世の中にある知的財産の情報に、より効率的に誰もが触れることができ、知識と人材がより流動化する社会をつくることを目指していました。

ユニークなビジョンやビジネスモデルに興味を抱き、「この会社で働きたい」と思った僕は、すぐに「御社で働きたいので面談をしてもらえませんか？」と問い合わせをしました。

返信がなかったとしても、会社にも僕にも損失はありませんから、何も恐れることはありません。すると、なんと1時間もたたないうちに「会いましょう」と返信があり、すぐに社長との面談が実現したのです。

面談の場で、僕が起業に興味があり、イノベーションにダイレクトにかかわる仕事をしたいと伝えると、「インターンで働いてみない？」と声をかけていただきました。

当時、パテントビューロでは、インターンの募集はしていなかったはずですが、**行動すれば意外と道は拓ける**ものです。

念のために補足すると、インターンとは、インターンシップの略で、学生が興味のある企業などで実際に働いたり、訪問したりする職業体験のことです。

インターンとしてパテントビューロに入ってからは、「会社を成長させたい」「自分も成長したい」と強く思うようになり、就業時間無視で熱狂的に働きました。もちろん、会社から強制されたわけではなく、僕自身の意志です。

最初は「特許」と「意匠」の違いすらわからないし、ウェブマーケティングの用語も、ソフトウェア開発の言葉もまったくわからない。そんな状況だったので、毎日が新鮮に感じられるとともに、追いつくのに必死でした。

もちろん追いつくだけでなく、実際に売り上げを立てて、ユーザーを増やし、会社を急成長させるために一生懸命働きました。

もはや学生インターンというレベルではなく、本気で仕事をしていたので、会社のやり方に対して「もっとこうすればいいのに」と思うところがいろいろと出てきました。

当時はリーマンショック直後で、会社の業績が上がりにくい状況が続き、少なからず退職者も出ていました。

原因はいくつかあったと思いますが、僕が特に気になったのが、手がけていた事業の数が多く、どこで儲けようとしているのか不明瞭なことでした。

そこで僕は、「戦略的に事業を絞り、社員に対して会社の方針をこのように伝えるべきではないか」という考えを提案書にまとめました。そして、社長に「お時間をいただけませんか？」と直談判し、改善に向けた提案をしたのです。

すると、社長から「**そんなにやる気があるなら、社員になる？**」と聞かれました。その瞬間は驚きましたが、「**社員になったほうが、成田くんの言うことを周りの人が聞いてくれると思う**」と諭され、妙に納得した僕は、その場で快諾したのを覚えています。

そうしてインターン採用から3カ月後、大学生でありながら正社員として採用されました。

かくして20歳で大学生とベンチャー企業の社員という二足のわらじを履くことになったのですが、片手間で仕事をするつもりは一切ありませんでした。

学校の授業は最低限の必修科目に絞って出席し、あとはひたすら仕事に明け暮れる日々。結果的に1年留年してしまいましたが、とにかく大学よりも仕事のほうが圧倒的に楽しかったのです。

あの頃、僕は社員以上に仕事に没頭していました。

朝から夜中の1時すぎまで毎日仕事をして、ときには泊まり込みになることもありました。繰り返しますが、そんな当時の僕の働き方は、１００％自分の意志でやっていたのです。

もちろん、働き方改革が叫ばれるようになった今、一般的におすすめできるものではありませんが、それくらい僕は仕事に打ち込んでいた。そして、とにかく楽しかったのです。

「24歳で上場」という目標と挫折

自分はパテントビューロに入社してから、「**22歳で役員になり、24歳で上場させる**」という目標を立てました。それくらい大きなサービスや事業を急ピッチでつくり、自分もその中心にいられるように成長したいと思ったのです。

パテントビューロで仕事にとり組んだ日々は、とても刺激的なものでした。

学校の勉強と違ってやることが決まっておらず、日々さまざまな課題にアタックする。その結果として会社と自分の成長が感じられるのは、学校の勉強では得られない喜びでした。

僕が任された仕事は、マーケティングやセールス活動、上場企業との業務提携など多岐にわたりました。ソフトウェア開発、デザイン、経理などのバックオフィス業務を除き、すべての仕事に関わっていて、社長と濃密に仕事をさせていただきました。

営業の仕事では、自分たちで商材を作って、ゼロから提案することの醍醐《だいご》味《み》を知りました。ウェブマーケティングに携わったときは、グーグルやヤフーに広告を出して、ビジネスのターゲットである弁理士や企業の知財部の人材をいかに自社サイトに集めるかに知恵を絞りました。

大手企業を相手に仕事ができたことも、大学生としては得がたい経験でした。大手の人材企業とジャンル特化型の人材事業を立ち上げる提携業務をしたり、人材事業を展開している企業向けに顧客情報を管理できるツール、今でいうクラウド経由でソフトを提供するＳａａＳ（ソフトウェア・アズ・ア・サービス）を作ったりしました。

このように幅広い事業に積極的に携わりながら、短期間で知見を広めることができたのです。

しかし、結果として僕はパテントビューロを2年ほどで去ることになります。

その最大の理由は、会社の成長が僕の思い描いた形にならなかったことにあります。２００８年のリーマンショックの直後だったこともあり、会社の事業は壁にぶつかっていましたし、当時は資金調達の環境もあまり充実しておらず、大きなプロダクトを開発するにも資金が得られない、エンジニアが足りない、そんな状態でした。

そして、僕が目標にしていた4年以内の上場を実現させるのは難しいと悟ったのです。

あの2年間、僕としてはできる限りのことをやり、ときには迷惑をかけつつも、ある程度の結果は残せたと自負しています。

ただし、スタートアップを短期間で上場まで急成長させるというのは、本当に大変なことだと思いました。

興味深いコンセプトやビジョンだけでは足りないし、優れたプロダクトを作ればすべてがうまくいくわけでもない。オペレーションや組織づくり、資金調達、マネタイズ（収益化）など、ビジネスにはさまざまな要素が複雑に絡んでいて、〝時の運〟も影響します。

そうした学びを得ることができたのは、間違いなく僕の財産になりましたし、パテントビューロに誘ってくださった社長をはじめ、一緒に仕事をした皆さんには今も感謝しています。

学生起業にチャレンジ

２０１１年3月末にパテントビューロを退くことを決めた僕は、偶然にも同じタイミングで起業仲間を見つけることになります。

あの出会いは忘れもしない、東京・新宿駅南口近くのスタバ（スターバックスコーヒー）でのことでした。

僕は次に何をすべきか決めかねていて、「どうしようかな」と考えながらスタバにふらっと立ち寄ったのです。

すると、大学1年生の頃からの知人である石田健がいました。

石田とは一緒に学生を集めたイベントを運営したこともあり、年に数回会って近況報告をするような間柄でした。経済やビジネスだけでなく政治やエンタメなど、さまざまなことに精通していて、「とても面白いヤツ」という印象を持っていました。


スタバに先に入っていた石田と目が合い、偶然の出会いにお互い驚きつつ、僕は同じテーブルに着きました。すると彼から近況を聞かれたので、パテントビューロを退いたことや、起業したいと考えていることを話しました。

すると突然、彼は「**ちょっと詳しく聞かせてよ！**」と身を乗り出してきたのです。

話を聞くと、彼は歴史学の研究を独自に進めながら、それと並行してバイオベンチャーの正社員として働いていたといいます。

そして、僕のように「起業したい」という思いを抱いていたというのです。

僕は、自分がやってきたことと、彼の行動が重なるような気がしました。

そうして彼とひとしきり話したあと、「じゃあ一緒にやろうよ」と起業に踏み切ることにしたのです。

あの日にスタバで石田と偶然会ったのは、ある意味、運命だったと思います。

僕はずっと挑戦したいと思っていた起業に、いよいよチャレンジすることになります。

アートサービスの立ち上げ

石田と意気投合してから間もなく、僕らはビジネスプランを考えはじめました。実は、僕も石田も具体的なアイデアはまったくなかったのです。

起業をするとき、「こんなサービスをやりたい」というのが先にあって起業するのが普通だと思われるかもしれません。しかし、実際のところ、多くの起業家は、まず起業することを先に決めて、そのあとにアイデアを考えます。僕らもそうでした。

僕は石田と2人で、部屋にこもって毎日のように議論をしました。すると、少しずつですが、サービスのアイデアが生まれました。

たとえば、友人同士でモノをオンラインで売り買いできるサービスや、オンライン上で恋人を見つけられるサービスを思いつきました。

今でいうフリマアプリ「メルカリ」やマッチングアプリ「ペアーズ」のようなものです。他にも、授業の状況やテストの情報をやりとりできるサービスを思いついたのですが、似たようなサービスが実際に米国で人気を集めました。

このように僕たちはおよそ半年間で50ほどの起業プランを考えたのですが、なかなか「これだ！」と思えるプランは生まれません。他の人に自分たちのアイデアを相談をしても否定的な言葉ばかりで、何度も何度も考え直しました。

そうした試行錯誤の果てに思い浮かんだのが、「アート×インターネット」というアイデアです。

僕は昔からアートが好きで、高校時代は毎週美術館に通っていましたし、哲学書を読んでアートの奥深さを感じていました。石田も早稲田出身で学芸員の資格を持っているアート好きで、将来的には社会学の学者のような仕事もやりたいと話していました。

当時の日本ではインターネットとアートを組み合わせたサービスは、ほとんど存在していませんでした。

米国ではアートを自宅に飾る文化があり、作品をオンラインで買うことは当たり前になっていて、多額の資金調達をしてサービスを運営している会社もいくつかありましたが、日本は未成熟な状況だったのです。

未成熟ということは、すぐには儲かりにくいビジネスということですから、大手企業は参入しないことが見込まれます。他の起業家も普通はやりたいとは思わないジャンルですから、僕たちはここにビジネスチャンスがあると思ったのです。

そうした考えを投資家に説明したところ、悪くない反応でした。

もともと僕らはアート作品をオンライン上で売買できるプラットフォームを構想していたのですが、これについては「そのビジネスをやるうえで学生の君たちに強みはあるのか？　大人たちが大きな資本と技術力でやってきたら勝てないのでは？」という懐疑的な意見がありました。

その一方で、**「アートの領域は普通は儲かりにくいけれど、誰もやっていないから、勝てたら1社総どりになる」**という好評価ももらうことができ、「アートで勝負するなら、少額から投資するよ」と言われたのです。

それが、さまざまなスタートアップの立ち上げ期に絞って支援する「シードアクセラレーター」として知られていたサムライインキュベートの榊原健太郎さんでした。そうして僕らの会社はサムライインキュベートから出資を受け、会社を立ち上げることができました。

会社とサービス名は、「アートコレクション」の略で「アトコレ」です。

アトコレを立ち上げてから、僕らはまずアートに関するメディアとコミュニティからつくろうと考えていました。

具体的には、美術館の展示情報や雑学をまとめたメディアと、自分の好きなアートを共有して楽しめるコミュニティをつくって広告ビジネスで収益を稼ぎ、そのあとはコミュニティを強化しながらユーザー課金型ビジネスなどを模索する計画でした。

よさそうなアイデアが浮かんだとはいえ、僕も石田もエンジニアではなく、サービスの開発はできません。そこで、石田の後輩の河合真吾という人材に声をかけて、エンジニアとしてアトコレに入ってもらうようにお願いしました。

実は、河合はエンジニアのスキルがあったわけではなく、勉強してもらう必要がありました。僕らのビジネスアイデアや、エンジニアになるメリットを彼に伝えたところ、賛同してくれ、共同創業者として入ってもらったという形です。

その後、河合は半年から1年ほど必死に勉強をしてくれて、サービスの立ち上げまでもっていくことができました。すさまじい成長と活躍を見せてくれた彼の存在なくして、アトコレを立ち上げることは不可能でした。

そして最後に4人目の共同創業者として、中川綾太郎が入ってくれました。彼は石田の大学の友人で、大学1年のときから仲がよかったようです。

中川は学生起業の経験者で、僕と知り合った頃はオンラインでイベントのチケットを購入できるサービスを企画していたのですが、それを1人で続けていくかどうかで迷っている最中でした。

そこでアトコレについて伝えたところ、「みんなでやったほうが面白い会社がつくれる」と意気投合し、一緒にやることになりました。

中川はインターネット時代の申し子といった感じで、普通の枠組みにとらわれない自由な発想力と人を惹きつけるオーラがあります。

彼はのちに河合とともにスタートアップを創業して大手ＩＴ企業に会社を売却し、連続起業家となるのですが、その才能を学生時代から発揮していました。

石田も、ニュース解説メディア『Ｔｈｅ ＨＥＡＤＬＩＮＥ』（www.theheadline.jp/）を立ち上げ、コメンテーターとしてＴＢＳ系『サンデージャポン』などに出演しています。

このような４人が集まったアトコレは、精鋭ぞろいのすごいメンバーだったと思います。

彼らと過ごした日々は、まさに青春でした。

当時、僕らはネット広告のボヤージュグループ（現・電通グループ傘下のＣＡＲＴＡ ＨＯＬＤＩＮＧＳ〈カルタホールディングス〉）のコワーキングスペースを間借りしていたのですが、あそこで中川と夜遅くまで毎日議論していた熱い日々は、今でも鮮明に思い出せます。

夜は３００円の牛丼かスーパーで安く仕入れた材料でつくった鍋料理という生活で、中川が住んでいたシェアハウスに泊まることもよくありました。

僕ら全員、本当にお金がなかったので、電気代の支払いが滞った結果、朝のシャワーが水になっていて「うぎゃー！」と絶叫したこともあります。

それくらい熱狂（？）しながら、会社の成功に情熱を燃やして頑張っていました。

怖くなってビジネスから撤退

ところが、僕らはおよそ1年で、アトコレの事業からの撤退を決めることになります。その理由を端的に言うと、「**怖くなったから**」です。

スタートアップのビジネスは、赤字を当然のものとして、新しい市場を生み出すまで継続するのが基本です。赤字を続けながらも資金調達を繰り返して会社を成長させ、ゆくゆくは上場させて黒字化を目指す。

そんなことはもちろん理解していたのですが、口で言うのは簡単でも、**実際にお金が減っていくのは思った以上の恐怖**でした。

- **お金にならないビジネスを続けてもいいのだろうか**
- **投資してくれた人たちの期待に応えられるのだろうか**
- **僕たちは貴重な時間を無駄にしているんじゃないのか**

日に日に減っていくキャッシュ（現金）のこと、次の資金調達のこと、そもそもこのアイデアを続けて将来があるのかという疑問……いろいろな不安が積み重なってどんどんネガティブな思考に陥っていき、やがてメンバー同士の関係もギクシャクしていったのです。

今考えてみると、あの頃の僕には、**起業家としての〝胆力〟**が足りませんでした。
もともとアトコレのビジネスモデルでは、すぐにマネタイズできないことは明白でしたし、長く勝負すべきビジネスでした。

にもかかわらず、短期的な成果が出ないことにビビってしまい、強いビジョンも示せず、メンバー全員がネガティブな思考に陥ってしまっていました。

あのときにやるべきことは明らかでした。

毎月必要になるキャッシュを低く抑え、地道にサイトを改善し、ユーザーを集め、広告媒体として成立するところまでまずはもっていく。

そうしてユーザーの熱量を高め、ここでしか買えないアート作品を販売したり、ここでしか得られない情報を提供したりすれば、収支が改善した可能性はありました。

でも、僕らはネガティブな思考にとらわれ、身動きがとれなくなっていたのです。

そうこうしているうちに手元資金は減り続け、次の資金調達が必要になります。最初は５００万円でしたが、次に調達するとしたら数千万円の規模での調達になることは見えていました。

「ここで投資を受けたら、もうあとには戻れないな」「今の事業モデルで本当に進めて大丈夫だろうか」「そもそもまだ実力的に足りないのかもしれない」といろいろな負の側面が頭を駆け巡り、結果的として魅力的なプロダクトやビジネスモデルを生み出すことができず、逃げるように事業を撤退。会社の代表を退くことになりました。

これが**恥を忍んで公表する〝偽らざる事実〟**です。

もし僕が「このビジネスを絶対に形にする」と強い信念を持って続けていたら、結果は違っていたかもしれません。

投資家に頭を下げて資金調達し、10年かけてでも20年かけてでも、ビジョンが実現するまで続ければ、その間にさまざまなアイデアが舞い降り、技術や市場環境も変化し、運をつかみとることもできたと思います。

でも、実際には僕にそこまでの思いはなく、結果的に起業は失敗に終わってしまいました。「アート」と「IT」というテーマ設定自体は、自分らしく、客観的に見ても面白いアイデアだったと思います。

しかし、それをやり遂げるには、周囲からの反対や、自分が抱える不安、その都度起き得る失敗や挫折に右往左往しない強い信念と覚悟、そして実力が必要でした。

高校生のときに兄に言われた「**やりたいことと、お金の交差点**」を探すのは、簡単なようで実に難しい。そのことを学生起業の失敗から学びました。

大手企業の内定を蹴って再びベンチャーの道へ

学生起業に失敗したことで、僕は自分自身の経験不足を痛感し、就職活動をすることにしました。将来的に起業を志す気持ちは変わりませんでしたが、そのために必要な胆力や知識、スキルを実社会で身につけたいと思い、自分の実力を試すためにも、数社受けてみようと思ったのです。

2012年3月、大学4年生の就職活動のタイミングにギリギリ間に合いました。

いわゆる超大手企業に入っても、起業や短期間での急成長につながることはないだろうと考えて、平均年齢が若く、若手社員の裁量が大きな会社として、リクルートとコンサルティング会社のアクセンチュアを受け、内定を得ることができました。

学生時代は授業にもろくに出ておらず、1年留年しましたが、それでも僕の経験を評価してくれた企業があったということです。

あのまま何事もなければ、僕はリクルートに就職していたと思います。若いうちからビジネスを経験でき、独立や起業にチャレンジできる企業文化があるので、理想的だと考えていました。

ところが、いざ就職しようというタイミングで、思いもよらぬことが起きます。

僕がアトコレをやっていた頃、イベントなどで他の起業家の方とお話しする機会が少なからずありました。その中で出会った1人が、クラウドワークスの創業者である吉田浩一郎さんです。

今でこそクラウドワークスといえば、日本最大級のクラウドソーシングサービスとして知られる、東証グロース市場の上場企業ですが、当時は吉田さんが会社を立ち上げたばかりの頃で、まだプロダクトの開発を進めている段階でした。

吉田さんは東京学芸大学を卒業した後、仲間と劇団を立ち上げようとしたものの契約トラブルにより借金を背負い、挫折したという経験の持ち主で、アートに造詣が深く、アトコレのことを応援してくれていました。

そのためか、僕がアトコレから退くことをＳＮＳに投稿したところ、吉田さんから連絡があり、**クラウドワークスにインターンとして誘われた**のです。

自分は当時、クラウドワークスのビジネスについては、ほとんど何も知らなかったのですが、インターンをすることは経験にもなるだろうし、悪い話ではないと考えました。そして、実際に働きはじめたのです。インターンとしてクラウドワークスで働きはじめてからしばらくすると、吉田さんは「クラウドワークスに就職しないか？」と僕を誘ってくれました。

僕としては嬉しいと思いながらも、すぐにイエスとは言えません。内定を受けていたリクルートに就職するつもりでしたし、学生起業に失敗したためスタートアップで働くには、もっと社会人としての経験が必要と感じていたからです。

そんなとき、流れが変わる出来事がありました。米シリコンバレーに行く機会を得たのです。当時、クラウドワークスは、ＩＶＳ（インフィニティ・ベンチャーズ・サミット）というスタートアップ企業や投資家らが集まる国内最大級のイベントに参加し、ピッチイベントで優勝していました。ピッチイベントとは、スタートアップ企業がプレゼンテーションをして優勝を決めるイベントのことです。

その賞品がシリコンバレー旅行で、僕も「**ホテル代と航空券は自分で払いますから、一緒に連れて行ってもらえませんか**」とお願いして、同行させてもらうことにしたのです。

シリコンバレーはスタートアップの聖地であり、グーグル（親会社・アルファベット）やヤフー、アップルなど名だたるスタートアップが生まれている場所です。

僕もシリコンバレーに憧れを抱き、いつかは行ってみたいと思っていました。ワクワクしながら同行することになったのですが、現地に着くと想像をはるかに超える空間が広がっていました。

街には美しい緑とオフィス、住宅街が広がっていて、空がとても広く青い。スタンフォード大学を訪れると、広大な芝生の緑と空の青さのコントラストが鮮やかで、あたりにエネルギーが満ちあふれていました。

僕たちは、起業家やＶＣ（ベンチャーキャピタル）の投資家と話をしたり、グーグルやフェイスブック（現・メタ）のオフィスを見学したりして、スタートアップの文化を肌で感じました。

そして、「**自分もやっぱりこういう世界で生きていきたい**」という気持ちが強まってきたのです。

そのシリコンバレー旅行のとき、吉田さんは僕を、あらためて「クラウドワークスに入らないか」と説得してくれました。

そして悩んだ末に、僕はクラウドワークスに入社することを決めたのです。2012年9月の出来事でした。そして、「入社することを決めてくれたから、執行役員として入社してほしい」と提案をいただきました。

大学4年生の若者に役員としての入社を提案するというのが、吉田さんのすごさです。

あのとき吉田さんは、「2年でダメだったら辞めてもいいから」と言っていましたが、きっと「2年あれば成田を満足させられる」という自信があったのでしょう。

「**会社は必ず上場させる**」「**それ以上に大きな会社にしたい**」と、サンフランシスコのバーで話していたのを、今でも鮮明に覚えています。

吉田さんの言葉は、その通りになりました。

クラウドワークスに執行役員として入社することが正式に決まり、僕はスタートアップのビジネスにフルコミットする日々を過ごすことになります。

それからおよそ2年がたった2014年12月、僕が25歳のときにクラウドワークスは東証マザーズ上場を果たしました。

やるからには絶対に上場させる

僕が入社した2012年当時、クラウドワークスのメンバーは吉田さんを含めて3人しかおらず、僕は4人目として参画しました。

あのとき僕は、「**今度こそ本気で上場させよう**」と心に誓いました。そして、日を追うにつれ、「クラウドワークスなら、それは達成できる」と確信を深めていきました。

企業や個人事業主がインターネット上で不特定多数に業務を発注（アウトソーシング）するクラウドソーシングサービスは、今でこそ一般的になっていますが、当時はまだ発展途上でした。

フリーランスが仕事を得るには、人の紹介や対人営業が不可欠という時代で、オンラインで仕事の受発注をする仕組みは、ほとんどなかったのです。

吉田さんは2011年に米国でクラウドソーシングという事業形態があることを知り、日本でも同じようなサービスを提供できると考えました。

そして、2012年3月にサービスとしての「クラウドワークス」を正式にローンチしました。

あの頃の日本は、東日本大震災の後だったこともあり、多くの人が働き方や住む場所を考え直していました。フリーランスになる人やリモートワークで働く人が増えつつあり、オンラインで仕事の受発注をしたいというニーズが急速に高まっていたのです。

そして、小さな仕事だけでなく、ソフトウェアの開発やデザインなど、大きな金額が動く仕事のマッチングにもニーズが高まっていました。

世の中のニーズが十分にあることはわかっていたので、あとは発注する企業と、仕事を請けるフリーランスが集まり、プロダクトを作ることができれば、大きなビジネスになるはず。

でも、ユニークなコンセプトやアイデアだけでビジネスがうまくいくわけではないことは、僕はそれまでの経験から学んでいました。

吉田さんがすごかったのは、「**マッチングサービスは、最初に双方の利用者を集め切ることが大事**」ということにいち早く気づき、徹底的に動いたことにあります。

吉田さんは、クラウドワークスを創業する前に、展示会の営業の仕事をしていた時期があり、その考え方をクラウドワークスに応用していました。

「○○ＥＸＰＯ」などの名称で、巨大施設で開催される大規模展示会には、毎年多くの企業が参加しており、ブースの出展料を中心に巨額のマネーが動いています。

展示会が特殊なのは、出展したからといって確実にメリットを得られるとは限らない点にあります。それでも出展者が途絶えないのは、「この展示会に出展すれば、取引が生まれるだろう」という期待感があるからです。

その期待感を担保するのは、展示会に参加する人や企業の数に他なりません。展示会に集まる人が増えれば増えるほど、その展示会の価値が高まる構造になっているのです。

クラウドソーシングサービスも、基本的には展示会と同じ仕組みで成り立っています。

サービスを利用する人が増えれば増えるほど、発注側は外注先を見つけられる期待値が高まり、受注側は受注につながる期待値が高まります。こうしてユーザーが増えていけば、ますますクラウドワークスを使う人は増えていきます。


そうしたビジネスモデルであることを理解していた吉田さんは、サービスのローンチ前から徹底的にユーザー集めに動きました。参加者数千人規模のイベントに積極的に登壇して、参加者にクラウドワークスへの事前登録を求めるなどして、コツコツと登録者を増やしていったのです。

そして吉田さんは、目標としていた約２０００人の事前登録者を集めることに成功し、その２０００人に発注したい企業を見つけるべく、営業して回ったのです。

サービスをローンチした時点で、すでに30社は発注する側の企業が登録されていたと思います。

そしてリリースから徐々にマッチングや流通が増え、サービスとして拡大しはじめました。

目標を決めたら、何が何でもやり切る。泥くさくても、人から否定されても、自分を信じて動き続ける。そのような起業家としての基本姿勢を、僕は吉田さんの背中を見ながら学びました。

誰よりも手を動かし、学びまくる日々

クラウドワークスに入ったその日から、やるべきことは無限にありました。

僕が担った執行役員は、「事業総括責任者」として現場を動かすことが求められました。最高経営責任者（CEO）である吉田さんの意思決定を受けて、組織としていかにうまく実行するかを考えなくてはなりません。

企業が成長するには、日々新しい課題が出てきます。1つを解決すると、次の課題が出てくる。1つの課題にとり組んでいる最中に、別の問題が発生する。そんなことの繰り返しですから、優先順位をつけながら、次々と課題を解決しなくてはなりません。

執行役員は、「**事業を伸ばすためのアイデアを固め、実行し続けること**」も求められます。「経営は実行」といわれますが、会社を成長させるには、やるべきことを決め、やり切る必要があります。

スタートアップではやるべきことが無数にありますから、気がつけば僕は本当に多種多様な仕事を経験しました。そのうちのいくつかをご紹介します。

【サービス改善】

クラウドワークスの立ち上げ期は、「発注する企業を集める」「受注する個人を集める」「その両者がマッチングする仕組みを作る」という3つのことに注力しました。

そのために会社全体の共通課題としたのが、サイトのマッチング精度を上げるために**ユーザー体験（UX：User Experienceの略）**を改善することでした。

役員や社員が毎週集まり、UXの改善点を議論し、決まったことをすぐさま実装しました。

最初から完璧なものを作ろうとするのではなく、まずは世の中にサービスをリリースして、反応を見ながら改善を繰り返すのがスタートアップのやり方です。

【集客】

サービスの改善と合わせて、オンライン上でサービスを発見してもらいやすくするためにSEO（検索エンジン最適化）にも力を入れました。クラウドワークスのユーザーが検索しそうなワードを考え、そのワードで検索をするとクラウドワークスが表示されるようにサイトを見直し、コンテンツを作ります。

さらに、グーグルやヤフー、フェイスブックなどに広告を出してウェブマーケティングも行いました。ウェブ広告の強みは、リアルタイムで効果を測定できることにあります。

今日は何人が登録して、そのためにいくら広告費がかかったのか。そのようにＣＰＡ（Cost Per Acquisition：顧客獲得単価）を把握できるので、目標と比較しながら、より効果的な打ち手を考えることができます。

そうしたネットの活用だけではなく、アナログでの認知度拡大にも努めました。たとえば展示会では、より目を引くようなブースデザインを考え、チラシを作り、「名刺交換５００枚！」などの目標を決めて、社内のみんなで必死にとり組みました。

また、大手教育企業やメディア企業などと提携して、企業やワーカー集めをすることもありました。企業提携は独自の要素が多いため、契約条件をその都度交渉する必要がありましたが、ＰＲ効果は高く、ユーザー獲得につながりました。

このような地道なとり組みのおかげで、やがて毎月のように新聞やウェブメディアにとり上げてもらえるようになり、会社全体としての知名度を上げていくことができました。

【採用】

クラウドワークスは、社員の年齢層のバランスが絶妙で、それが偏らないようにしていました。社内を活性化するために、僕のような20代前半の社員もどんどん採用していましたから、僕は週末になると学生のインターンシップの採用イベントに出て会社の魅力を伝えていました。

採用した社員との関係づくりも大切にした点です。毎月のようにインターンシップで若者が入って仕事をしてくれていたので、彼らとチームワークを高めるために、サービスの改善点を発表してもらうコンテストをしたり、懇親会を開いたりしました。

スタートアップの仕事は本当にバリエーションに富んでおり、ハードです。

当時を振り返ると、僕は朝から晩まで、ほぼ仕事しかしていませんでした。オフィスに朝9時すぎに着いたら夜中まで働く日々で、ときには終電の時間がすぎても仕事を続けていました。

食事に気を使う余裕もなく、創業期のオフィスだった東京・青山のコワーキングスペースから近いセルフ式そば店に行って食べ、割引チケットをもらい、また別の機会にそのセルフ式そば店に行くという日々。これがスタートアップの日常です。

でも、**そんなハードな日々の中でも、みんなイヤな顔なんてしません。**毎日ランチを一緒に食べて、大笑いして、また真剣に仕事にとり組むという生活をしていました。

スタートアップでは膨大な量の仕事を数人で回すわけですから、1人当たりの仕事量は増えていきます。その分、スピーディーに処理していかないと間に合いません。毎日毎日、チームが濃密に関わり合い、どんどんいろんなことを決めて実行します。

だからこそ、仕事の速度が上がる。つまり、成長していくのです。この量とスピードが当たり前になっていくと、どんどんスタートアップの仕事は楽しくなっていきます。

スキルを最短距離で身につける

とはいえ、僕は万能ではないので、できないことは当然たくさんあります。前のインターンや学生起業で、マーケティングや営業の経験はあったものの、新たに学ぶべきことは少なくありませんでした。

そこで僕がやっていたのが、「**外部の専門家に頼りつつ、一緒に働いて学ばせてもらう**」という方法でした。

たとえば、マーケティングに力を入れるときは、外部のコンサルタントに頼り、僕はその人と一緒に仕事をしながらマーケティングを学びました。営業など他の分野でも同じことをして、僕は少しずつ経験値を増やしていったのです。

このような方法で、効率的に必要な知識やスキルを身につけることができます。

たとえば営業に力を入れるために、大企業で10年以上経験のある営業マンを採用したとしましょう。このとき、その人に営業を任せっぱなしにするのはもったいない。

なぜなら、営業のプロと一緒に動くことで、商材の作り方や、提案資料の作り方など、さまざまなことを学べるからです。

また、その営業マンとの関係が深くなれば、その人の人脈も使えるようになるので、出会える会社や担当者も増えていきます。

広告業界、人材業界、ＩＴ業界、商社など、それぞれバックグラウンドが違う人に入ってもらい、一緒に目標に向かってとり組むことで、経験の幅も広がり、自分自身が、また会社全体も成長していきます。

自分に現時点で知らないことがあることは、大きな問題ではありません。

スタートアップではわからない問題にとり組むことがほとんどですし、「これならわかる」と思って仕事をしていても、明日にはわからない問題が降ってくることが往々にしてあります。

とにかく学べばいいのです。１人で考え込まず、他社から、他人から、どんどん知恵をもらって、学び、それを自分と会社に活かしていけばいい。

こういった働き方ができたのも、学生からベンチャーに飛び込んだことで得た僕の大きな強みだと思います。

そうするうちに、僕が任される仕事の幅も広がりました。Ｂ２Ｂ（企業間ビジネス）の事業の立ち上げがはじまり、その事業責任者に任命されたのです。

クラウドワークスのマッチングサービスの数字の責任を担う立場にいながら、Ｂ２Ｂの事業もみることになり、会社全体の業績の責任を背負うことになりました。

そして２０１４年には取締役ＣＯＯ（最高執行責任者）になり、その年末に東証マザーズに上場。４カ月後の２０１５年４月には取締役副社長ＣＯＯとなり、会社の経営に深く入っていくことになります。

僕もクラウドワークスでマーケティングをやる場合、最先端の「ＳＥＯ（検索エンジン最適化）」の知識について、外部の専門家や経営者に時間をもらって教えてもらいました。

営業についても、新しい広告や商材のつくり方、その効果・検証の方法も、広告代理店出身者のノウハウを社内で共有することによって、どんどん洗練されていきます。

そうやって試行錯誤しながら実践し、学んだことを１つひとつ仕組み化（型化）することによって、会社のナレッジ（知識・情報資産）にしていくのです。

僕はクラウドワークスの課題に応じて、必死に働きながら自分自身をアップデートしていっただけでしたが、その過程で会社も成長し、気づけば数百人の社員を抱える組織となり、毎日業績と株価に向き合うようになっていました。

学生起業に失敗した一学生からわずか３、４年でそのような状態に変化したのです。

それはとても刺激的な日々であり、**気がつけば僕は学生起業に失敗した頃よりもはるかに成長し、自分に自信を持てるようになっていました。**

10年の時を経て、クラウドワークス卒業。そしてこれから

振り返ると、2012年12月に執行役員に就任してから、2014年に取締役COOになり、2014年12月に上場。2015〜2020年まで副社長COOを務め、2021〜2022年は取締役CINO(最高イノベーション責任者)として、新規事業やM&A(買収・合併)、海外事業の立案などに携わってきました。

この10年ほどの間に、事業開発や組織マネジメント、プロダクト開発はもちろんのこと、子会社の立ち上げ、海外企業投資、IR(投資家向け広報)など、僕はクラウドワークスで本当に多くの経験をさせてもらいました。

2022年、クラウドワークスは売上高100億円、営業利益10億円を実現するまでに成長し、従業員数はアルバイトを含めて450人を超える規模になりました。

2014年の上場時と比べると売上高は25倍にまで成長し、新たな挑戦のステージに立てたと確信しています。

このように絶好調のタイミングでしたが、2022年12月の株主総会をもって、僕はクラウドワークスを退社することにしました。

クラウドワークスを辞めたことについて、「なぜ?」「もったいない」といった声をいただくことがあります。

確かに、リモートワークの普及やフリーランスという立場の確立、副業の解禁、働き方改革の推進といった社会の大きな流れをみても、クラウドワークスの成長は間違いないと思っています。

「上場企業の役員」という肩書き自体に、社会的な価値があることも理解しています。

ただ、僕個人の人生やキャリアを考えたときに、「30歳」「10年」という節目を迎える中で、**あらためて新しいチャレンジをしたい**と思うようになったのです。

ゼロから事業を立ち上げ、クラウドソーシングや副業、フリーランスが当たり前になってきたこのタイミングで、自分が人生で成し遂げたいこと、やってみたいことは何かを冷静に考えてみたい。自分自身で起業して、また別の社会課題やテクノロジーにとり組み、大きな価値を生み出していきたい。

僕の体は1つで、人生は1度しかありませんから、リスクを背負ってでも、新しい挑戦をしたくなったのです。

そんなことを吉田さんに相談し、僕はクラウドワークスを卒業させていただくことになりました。

吉田さんには、学生起業で失敗した22歳の若造だった僕を誘っていただき、ゼロから再起のチャンスをくださったことに感謝してもしきれません。

失敗した15歳年下の学生を引き上げ、期待し、経営の一翼を担わせてくれる。そんな経営者は、日本広しといえども、吉田さんしかいないと思っています。

吉田さんとの偶然の出会いは、間違いなく僕の運命を変えてくれました。

クラウドワークスに入り、社会を変えるようなプロダクトを生み出せて、手応えを感じられたのは、本当に運がよかったと思います。自分や近しい仲間だけで立ち上げていたら、クラウドワークスのような結果を出すことはできなかったでしょう。

僕はいろいろな面で恵まれていました。

自己成長の面でも、人間関係の面でも、金銭的な面においても、普通では考えられないようなものをクラウドワークスの仕事を通じて得たと思っています。

だからこそ、**ここからあえて自分でリスクを背負ってでも、新たなチャレンジをしなければ、自分の人生を生きたことにならない**。そう思ったのです。

これからどういう道に進むにせよ、自分も吉田さんのように、若い人材や失敗した人材にも寛容になり、期待し、さまざまな機会を提供できるようになりたい。

そして、どんな困難にぶつかっても前を向いて、自分を信じて挑戦し、成長し続ける人材になることを、常に目指したいと思っています。

第2章

スタートアップは日本に残された唯一の希望

世界にとり残される日本

起業家という冒険をとり巻く日本経済を振り返ってみると、バブル崩壊までの30年は、その後の30年とはまったく違うことがわかります。

僕は1989年生まれで、物心がついた頃には、日本のバブルは崩壊していました。日本が強かった時代を体験したことがなく、いわゆる**「失われた30年」**とともに年齢を重ねてきたのです。

1960年に池田勇人内閣が本格実施した**「所得倍増計画」**、1972年に田中角栄首相が提言した**「日本列島改造論」**といった政治的なリーダーシップや戦後の産業構造変化、国際関係の変化もあり、日本は高度経済成長期を迎えました。

日本企業が世界を席巻し、1979年に出版された『ジャパンアズナンバーワン』という米ハーバード大教授、エズラ・F・ヴォーゲル氏の著書が70万部を超すベストセラーになりました。日本人の給料が右肩上がりに増え、生活が豊かになった時代が確かにあったのです。

このような過去の経緯を知ってはいても、バブル崩壊以後の日本を生きてきた僕にとって、高度経済成長期の日本はまったく違う国のように感じられます。

世界の時価総額ランキングベスト10

	2021年		2005年		1989年	
1	アップル	米国	ゼネラル・エレクトリック	米国	NTT	日本
2	マイクロソフト	米国	エクソンモービル	米国	日本興業銀行	日本
3	アルファベット(グーグル)	米国	マイクロソフト	米国	住友銀行	日本
4	サウジ・アラムコ	サウジアラビア	シティグループ	米国	富士銀行	日本
5	アマゾン・ドット・コム	米国	BP	英国	第一勧業銀行	日本
6	テスラ	米国	ロイヤル・ダッチ・シェル	英国	IBM	米国
7	メタ(フェイスブック)	米国	プロクター・アンド・ギャンブル	米国	三菱銀行	日本
8	エヌビディア	米国	ウォルマート・ストアーズ	米国	エクソン	米国
9	バークシャー・ハサウェイ	米国	トヨタ自動車	日本	東京電力	日本
10	TSMC(半導体)	台湾	バンク・オブ・アメリカ	米国	ロイヤル・ダッチ・シェル	英国

companiesmarketcap.com、ダイヤモンド・オンライン、三菱UFJモルガン・スタンレー証券のデータより著者作成

僕が問題意識を持っているのは、バブルが崩壊したことよりも、そこから30年以上も復活を果たせなかったことにあります。復活どころか、凋落《ちょうらく》したといっても過言ではない状況です。

僕が生まれた1989年の時点では、世界の時価総額ランキングトップ10のうち7社を日本企業が占めていました。ところが、今やトップ10に日本企業は1社もありません。

ほとんどは米国企業で、そのうち5社は1990年以降にできたスタートアップです。

なぜ世界における日本の存在感はここまで小さくなってしまったのでしょうか？

もちろん原因は1つではありませんが、「**イノベーションを起こせなかった**」ことは大きな要因とされています。

ここ15年ほどの状況を振り返ると、iPhoneやアンドロイド、フェイスブッ

ク、テスラの電気自動車をはじめ、米国企業が生み出したプロダクトやサービスが世界を席巻する中、日本からは大きなイノベーションを起こすようなものがあまり生まれませんでした。

１９９７年に米ハーバードビジネススクールの教授だったクレイトン・クリステンセンは、既存のビジネスを打破し、産業構造そのものをガラッと変化させることを「**破壊的イノベーション**」と表現しましたが、アマゾンが書店を、アップルが電話を大きく変えたように、日本の産業は、海外からやってきた破壊的イノベーションの波にのみ込まれてしまいました。

こうした海外企業の進出を、逆に日本から破壊的イノベーションで打ち返せなかったことが、長きにわたる日本の低成長につながった側面は確実にあると思います。

日本が貧しくなった30年間

日本企業の成長が停滞すれば、日本人も貧しくなります。

国際通貨基金（ＩＭＦ）の発表によると、個人の豊かさを示す日本の１人当たり名目国内総生産（ＧＤＰ）は、２０２１年時点で３万９５８３ドル（約４３５万円）でした。

これは、韓国（３万４９４０ドル）を13％、台湾（３万２４７０ドル）を２割ほど上回る水準です。

実質賃金指数の推移

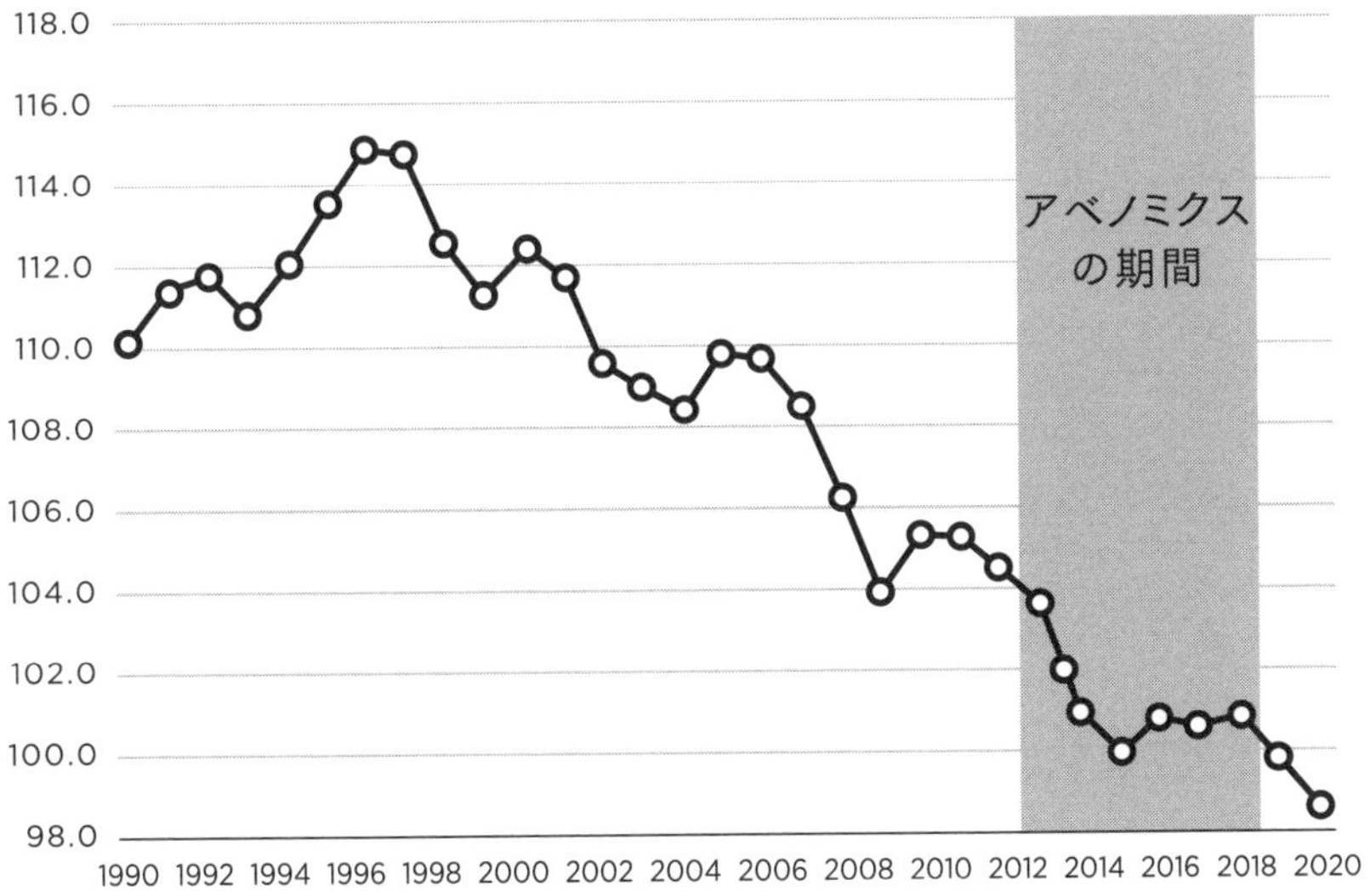

厚生労働省「毎月勤労統計調査」のデータより著者作成

ところが、日本経済研究センターの試算によると、**日本の1人当たりGDPは、2022年に台湾、2023年に韓国をそれぞれ下回る**といいます。

もともと、2027年に日韓、2028年に日台が逆転するとの予測が出ていたのですが、昨今の円安などの影響を受けて逆転時期が前倒しとなった形です。

日本のGDPが伸びないのは円安だけが原因ではなく、労働生産性の低迷も影響しています。デジタル化の遅れにより労働生産性が伸び悩んでいる日本は、デジタルトランスフォーメーション（DX）が、先行する韓国や台湾に差をつけられているのです。

さらに、日本は世界最高の高齢化率であり、労働力人口が減っていきます。そのため、これまでのやり方を抜本的に変えない限り、ますます世界との差が広がっていくことになります。

実質賃金指数の推移の国際比較（1997年＝100）

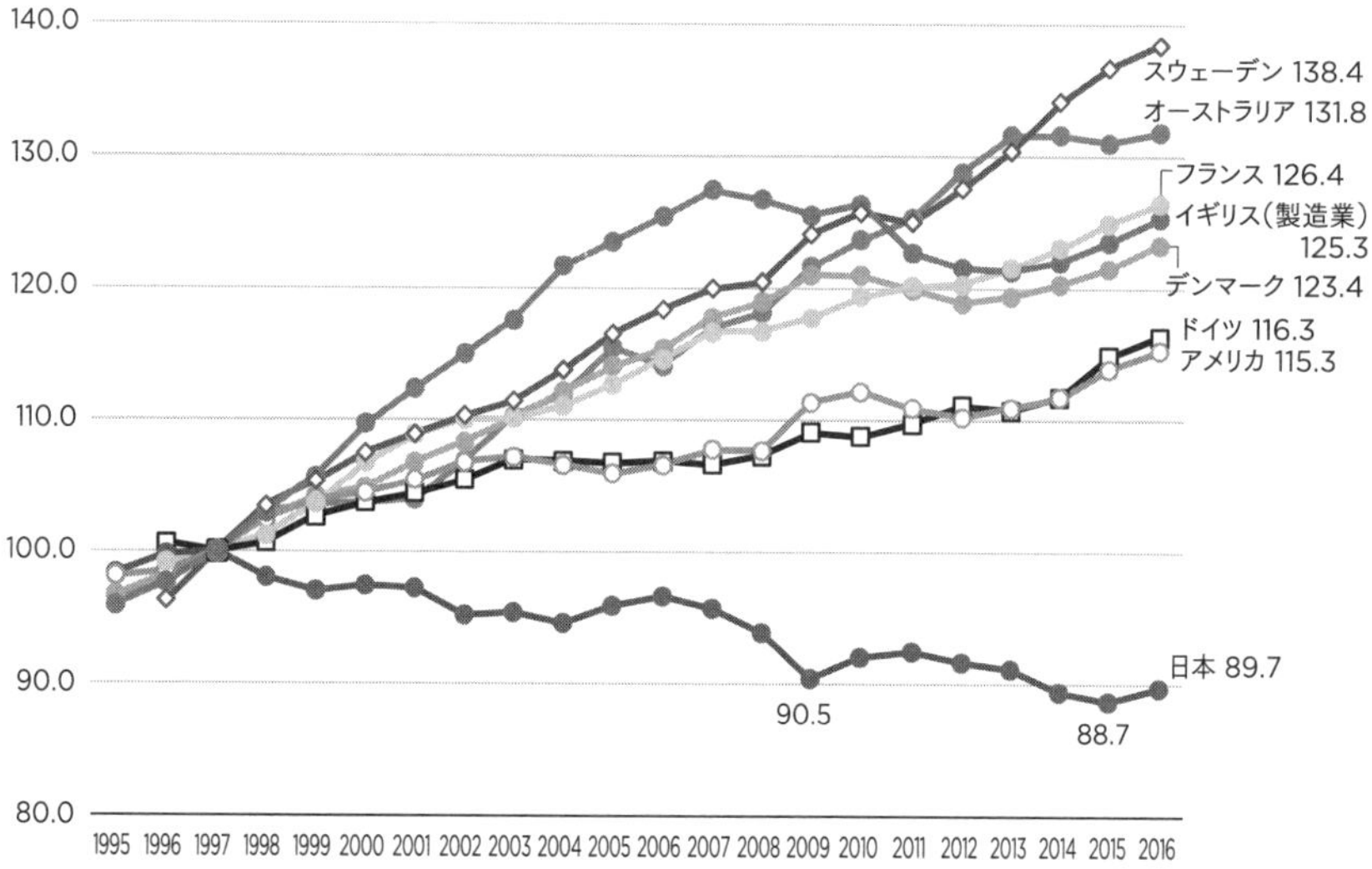

出所）oecd.statより全労連が作成（日本のデータは毎月勤労統計調査によるもの）
注：民間産業の時間当たり賃金（一時金・時間外手当含む）を消費者物価指数でデフレートした。オーストラリアは2013年以降、第2・四半期と第4・四半期のデータの単純平均値。仏と独の2016年データは第1～第3・四半期の単純平均値。英は製造業のデータのみ

実質賃金の比較においても、日本はここ30年間停滞しています。実質賃金とは、名目賃金から物価の影響を考慮して算出したものなので、実際の生活の豊かさを測る指標になります。

日本人の実質賃金は１９９６年をピークに、ほぼ右肩下がりです。これと裏腹に海外の実質賃金は伸びており、**今や日本の実質賃金はG7の中でも最低水準になってしまいました。**

内閣府は、総務省「全国家計構造調査」「全国消費実態調査」の個別データをもとに１９９４～２０１９年の世帯所得の変化を分析しました。それによると、全世帯の年間所得の中央値は１９９４年の５５０万円から２０１９年は３７２万円と32％（１７８万円）も下がっています。

こうした問題に加えて、２０２２年から日本国内で徐々にインフレが進んでいます。また、円安により日本円の価値が落ち、同じモノや

サービスを購入するにも多くのお金が必要になってきています。

今後30年以内に発生する確率が70～80％とされる南海トラフ地震などの自然災害のリスクも抱え、少子高齢化により社会保障の維持が難しくなり、税金や社会保険料の負担も増えていくことは想像に難くありません。

いまなお日本についてトップクラスの先進国というイメージを持つ日本人は少なくありません。しかし、現実を知れば、決してそのようなことはないのです。

僕たちは**個の力で生き残る方法を探らなくてはいけません**。

日本企業に変革が欠かせないのと同じように、自分や大切な人の暮らしを守るためにも、個人として生き方を考え直す時期にきているといえます。

日本で世界的企業が生まれにくい理由

日本からアマゾンやグーグルのような世界的企業があまり出てこなかった理由の1つに、日本の**「国内需要」の大きさ**があるといわれます。日本は高度経済成長期を経て、人口や個人所得が増えていたため、世界的に見ても国内需要だけで、それなりの規模があるのです。

日本人だけを相手にするビジネスでも年商100億円くらいの会社であれば十分につくれますから、あえて海外に打って出ようとする企業が生まれにくいという構造があるわけです。

一方、たとえばシンガポールや台湾、韓国のような人口の少ない国（地域）の場合、国内需要だけでは大きなビジネスに育たないので、最初からグローバル市場を目指す意識が高まります。

日本市場の約1億人をターゲットにする企業と、グローバル市場の30億人をターゲットにする企業では、おのずと戦い方が違ってきます。

米国のように国内需要が大きいうえに、グローバル市場に打って出る文化的土壌のある国もあります。スタートアップに対する資金供給量が桁違いに多いということもありますが、そもそも多様な民族で構成されているうえに、英語という世界共通言語の優位性もあり、はじめからグローバル市場をターゲットにするスタートアップが多いのです。

日本も、これからは国内需要だけで企業が生き残れる時代ではありません。少子高齢化が進み、人口減少の局面に入っていますから、中長期的に考えれば国内需要が減少することは誰の目にも明らかです。こうした状況をネガティブにとらえるのではなく、むしろ**グローバルに打って出る好機**と考えてもいいと思います。

かつての日本が高度経済成長とその後の経済発展を果たしたのは、戦後の国内需要が小さかった時代に、世界に出て行った起業家がいたことが少なからず影響しています。

トヨタの自動車やソニーのウォークマン、任天堂のテレビゲームといった日本のプロダクトが世界に広まり、大きな産業になったのは、つい30年から50年ほど前のことです。**同じようなことを、今の日本人が起こせない**理由はないと僕は思っています。

「大企業が安泰」は過去のもの

2019年5月、トヨタ自動車の豊田章男社長（当時）が、「雇用を続ける企業などへのインセンティブがもう少し出てこないと、なかなか終身雇用を守っていくのは難しい局面に入ってきた」と発言し、話題を集めました。

これを日本企業の終身雇用制度の崩壊の兆しと受け止め、批判するマスコミがありましたが、僕は当然のことと感じました。

ビジネスの変化が激しい現代において、同じ人を40年も会社が囲い込むことはリスクも難易度も高いのは当然です。

今は、大企業が外部から人材を呼び込んだり、オープンイノベーションとしてスタートアップと協業したりする流れが進んでいます。

そのように人材や事業の流動性を高めなければ、生き残っていけないという意識が大企業においても強まっており、終身雇用制度を前提に人生を考えるのはリスクが高くなってきています。

インターネットが社会に広まるにつれ、大企業が担ってきたテレビや新聞に時間やお金を使う人は減り続けています。

X（旧・ツイッター）やネットフリックス、ティックトックなど、スタートアップが起こしたイノベーションの波にのまれるように、レガシーな産業は駆逐されつつあります。

そして、ＡＩ（人工知能）やあらゆるモノがネットにつながる「ＩｏＴ」の世界に突入し、電気自動車や自動走行車が当たり前の時代になろうとしています。

こうした変化からわかるように、日本のトップクラスの大企業であっても、これから生き残れる保証はありません。ということは、個人としても会社の終身雇用が維持されることを望むよりも、**会社に依存しない働き方を考えなくてはいけません。**

「老後２０００万円問題」が話題を集めたように、日本人の将来に対する不安は高まるばかりですが、僕が思うに日本人が思い描いてきた〝安定神話〟に依存しない生き方が求められているだけなのです。

終身雇用によって１社を勤め上げれば一生涯生活できる時代は、歴史的にみて非常に特殊であり、そうした時代が続くと考えるほうが不自然です。

これからは、1つの会社に頼ることなく、多様な働き方にチャレンジしたり、複数の収益源を持ったりする柔軟性が必要でもあります。

ちなみに、トヨタの豊田章男社長（当時）は、2019年の年頭挨拶で、このような言葉を残しています。

「**トヨタの看板がなくても、外で勝負できるプロを目指してほしい。マネジメントは、プロになり、どこでも闘える実力をつけた従業員が、それでもトヨタで働きたいと、心から思ってもらえる環境をつくりあげていきます**」

もはや、企業の看板だけで評価される時代ではありません。1人ひとりが時代の変化をとらえて、起業家精神を持って、自ら変化をつくり出せる人にならなくてはいけません。

少なくとも転職は当たり前

これからの日本に生きる人は、1つの会社に勤め続けるライフプランが実現することは、ほぼないでしょう。大卒で就職したとしても、そこから**転職や独立、起業など、さまざまな可能性を探ることが当たり前**になります。

統計によると、日本の転職回数は平均3回で、勤続年数は平均11・9年。米国の転職回数は平均13回、勤続年数は平均4・1年なので、まだまだ日本の人材流動性は低いといえます。

米国はジョブ型雇用で、仕事ありきで人が雇われます。会社として必要なら積極的に雇い、必要がなくなればリストラするという形で、労働者もそれが普通のことと理解しています。

一方の日本はメンバーシップ型雇用で、まず人を雇ってから仕事をあてがうスタイルが主流です。終身雇用も一般的だったことから、会社を辞めることにネガティブな印象を抱きがちで、転職回数が多い人は評価が低くなる傾向があります。

しかし、これからは日本も米国の雇用スタイルにシフトすると予想されます。

法制度の違いもあり、米国ほど解雇が一般的になることはないかもしれませんが、若者や若い産業を中心に、自分のステージに合わせて、どんどん転職しながら、自分の市場価値を高めるような動きが加速するでしょう。

日本でも、すでにIT業界では変化が起きていて、**5年以上1社で働いていたら「長いね」と言われるレベル**です。僕自身は11年ほどクラウドワークスの経営に携わりましたが、11年同じ会社を経営している人は、ほとんどいません。

好むと好まざるとにかかわらず、日本の雇用環境は変わっていくわけですから、そのことを認識したうえで自分の働き方を決める必要があります。

テクノロジーが専門職の仕事を奪う

大企業に勤めているからといって安泰ではないのと同様、エリートといわれてきた専門職にもリスクがあります。たとえば、弁護士や医者、公認会計士など、難関資格を持った専門職は、食いっぱぐれることがないというのも、過去のことになるかもしれません。

法律の疑問を弁護士に相談せずにネットで調べる、税務申告を税理士に任せずｆｒｅｅｅなどのクラウド会計ソフトを使って自分でやるといった形で、専門職に独占されていた仕事をテクノロジーが代替する時代になっています。

さらにこれからＡＩの急速な発展によって、専門職の仕事は、どんどん代替されるようになると予測されています。

２０２２年11月に公開された対話型ＡＩ「ChatGPT（チャット）GPT」は、米医師免許試験にほぼ合格できるほどの高い正答率をあげたそうですから、病院の診断がＡＩに代替される未来はそう遠くないかもしれません。

将来的には、法律や税務などの相談がチャットで簡単にできる時代も訪れそうです。

ＣＨＡＴ ＧＰＴは、グーグルのシニアエンジニアと同等のプログラミング能力を持つそうです。「○○という事業の提案資料をつくって」と入力すれば、一発でパワーポイントの資料をつくってくれるＡＩサービスも登場しています。

開発元のＯｐｅｎＡＩによれば、人間の知能を大きく超える「スーパーインテリジェンス」（超知能）のＡＩが生まれる可能性もあり、それは核兵器や合成生物学と同様に規制されるべきだと公表しています。

そのような未来を日本の若者は敏感に感じとっています。

先日、「弁護士になるべきか、ＡＩを研究する仕事をすべきか、迷っている」という10代の若者からの相談を受けました。

ひと昔前であれば、この問いの答えは難しかったと思いますが、僕は「**ＡＩの研究者になるべきだ**」とすぐに答えました。

もちろん、ＡＩは万能なわけではありませんから、すべての専門職のすべての業務を代替することはないでしょう。

特に人間的なコミュニケーションが求められる場合は、ＡＩが代替するのは難しい面もあります。医者など人命に関わる分野がＡＩにすべて置き換わることもないでしょう。

ただし、専門職の人たちが、これまでと同じような仕事だけをしていたら、かつてのような高収入を得ることが難しくなる可能性は大きい。

また、新しいテクノロジーにしっかりと精通し、仕事のやり方を変えることで、生産性を劇的にあげることができるようにもなります。

最新情報をキャッチしたり、情報を分析して回答したりするような仕事は、人よりもＡＩのほうが得意ですから、そうしたテクノロジーが得意なことを理解し、使いこなす力が専門職に求められる時代になっていきます。


インターネットの登場によって辞書を作る会社や調査会社のビジネスが脅かされたのと同じことが、クラウドやＡＩによって、さまざまな分野・業界で起きてきます。

必要なことは、**技術の進歩を恐れるのではなく、いかに活用するかというマインド**。専門職の知見があれば、テクノロジーをかけ合わせることで新たなビジネスを創造できる可能性は十分あります。


実際、医師として働く僕の友人は、日々のルーティンワークが何十年も続くことに絶望し、医療分野でテクノロジーを活用したサービスを提供する会社を立ち上げました。

彼のように、自分の強みを活かしながら、現代のトレンドやテクノロジーを柔軟にとり入れることができれば、明るい未来が拓けていくと思うのです。

「人生100年時代」に求められる"変化対応力"

『LIFE　SHIFT（ライフ・シフト）―100年時代の人生戦略』（リンダ・グラットン／アンドリュー・スコット著、東洋経済新報社）という2016年刊行の本において、「人生100年時代」というキーワードが提唱されて話題になりました。

1990年と比較しても、人間の寿命は6歳延びており、2040年にはさらに2歳延びるとされています。

僕の世代が80歳を迎える2070年には、平均年齢が90歳を超える可能性があります。バイオや製薬の技術が発達すれば、がんによる死亡リスクも減り、平均寿命の延びが加速する可能性すらあるでしょう。

平均寿命が延びることによって人は「**もっと長く働くことになる**」ということです。定年退職の年齢が65歳に引き上げられたのは2013年ですが、2021年には70歳までの就業機会の確保が努力義務となりました。

平均寿命の推移

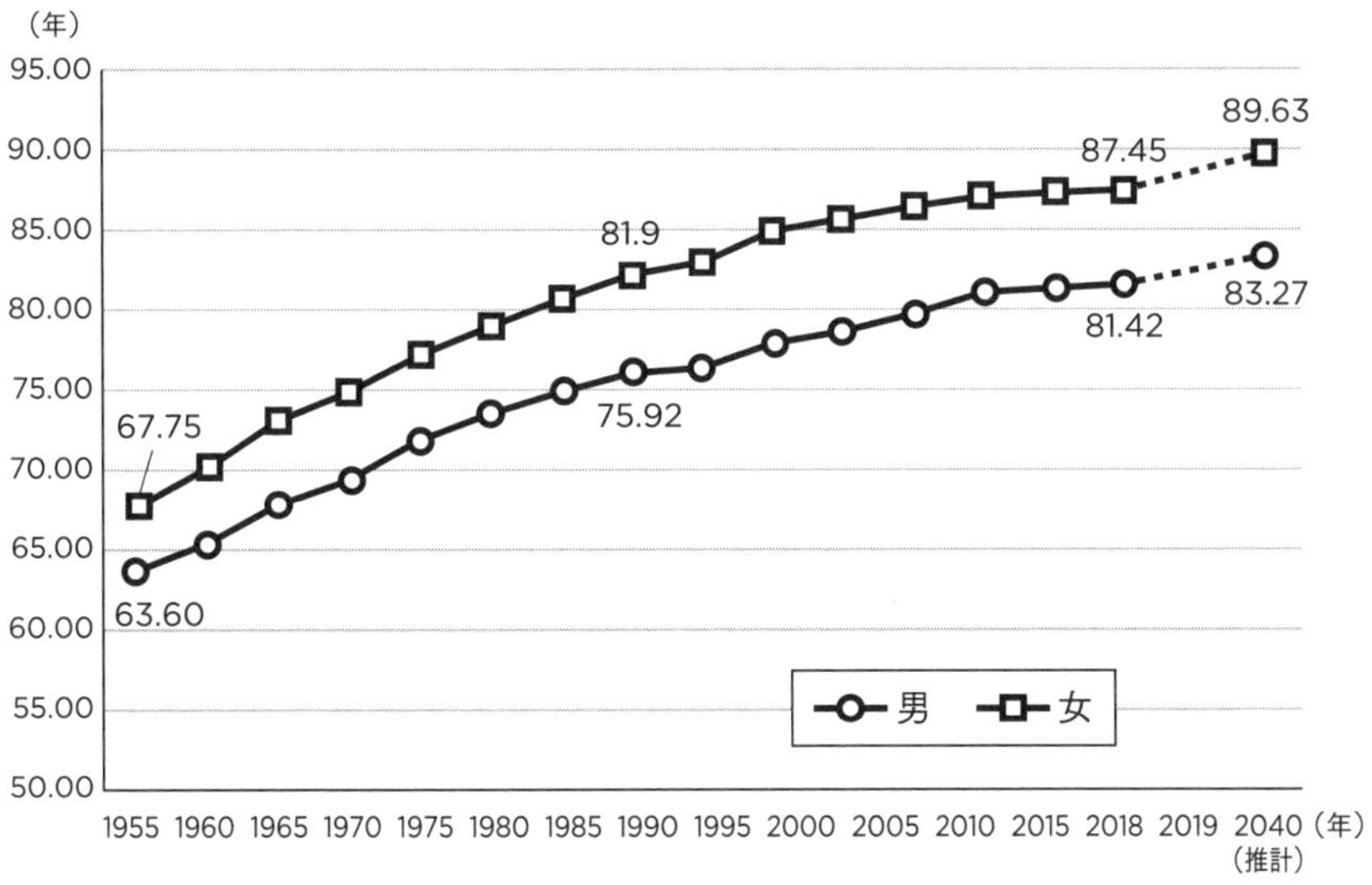

資料：2019年までは厚生労働省政策統括官付参事官付人口動態・保健社会統計室「令和元年簡易生命表」、2040年は国立社会保障・人口問題研究所「日本の将来推計人口（平成29年推計）」の出生中位・死亡中位推計

今後は75歳などに引き上げられる可能性もあります。一方で成人は18歳に引き下げられ、仮に18歳から75歳まで働くとなれば、60年近く働くことになります。

今から60年前は1960年代。まだ日本が高度経済成長している時代です。そこから半導体が大きな産業になり、家電、自動車産業で日本企業が世界を席巻し、インターネット、スマホ、AIなど新しい技術が登場しました。

日本は高度経済成長からバブル経済の30年の後、失われた30年を経験しましたが、**この流れすべてを、多くの人が生涯のキャリアで経験することになる**イメージです。

変化の速度は、テクノロジーによって加速していますから、さらに激しい変化に見舞われることは十分にあり得ます。

つまり、働いているうちに、社会も産業の構造も激変するのは、もはや前提条件。そう考えると、1つの会社や1つの専門性に依存することのリスクを感じざるを得ないでしょう。

むしろ、**どんな変化が訪れても、学び直し、自分の目標を再設定し直し、適切なリスクをとりながら行動できる起業家精神が、よりいっそう大事になってくるのです。**

望むか望まないかにかかわらず、このような未来は、ほぼ確実に訪れます。それに合わせて最善の準備をするに越したことはないと思うのです。

「安定志向だから大企業」は思考停止

大企業で働いたり専門職として働いたりすることのリスクを指摘しましたが、僕はこうした働き方が絶対にダメと言いたいわけではありません。

もちろん、働き方は人それぞれ。人生の目的次第ですから、自分自身のキャリアの目標や目的を達成するために大企業がいいというなら、それは正しい判断でしょう。

たとえば僕の友人に、オリンピック関連の仕事をすることを目的に、スポーツ用品の大手メーカーに就職した人がいます。

個人事業主やベンチャー企業では、世界的なビッグプロジェクトであるオリンピックにかかわる仕事をするのは、相当難しいです。このような場合、個人の目的を達成するため、大企業に入ることが合理的な判断となり得ます。

世界を股にかけてビジネスをしたいから総合商社に入る、自分の手でベストセラー本を作りたいから大手出版社に入る、行政を動かしたいからキャリア官僚になる、といったような選択であれば、問題はないでしょう。

それに大企業だからといって、スタートアップ的な働き方ができないとは限りません。新規事業に力を入れる大企業は増えていますから、**大企業でも起業家精神のある人材を求めています。**

自分で考えて自分で行動できる人であれば、大企業でもユニークな仕事はできるでしょう。

僕が否定的になるのは、単に「安定しているから」「親が喜ぶから」「世間体がいいから」といった理由で、大企業や専門職を選ぶ考え方です。

すでに書いたように、今や大企業や専門職だからといって、高収入が約束される時代ではありません。

「安定」をよりどころにして就職したのに、リストラにあったり、会社がなくなったりすれば、後悔するのは明らかです。

おそらく、変化を嫌うマインドから大企業に入って、定年まで勤めることを望む人もいるでしょう。でも、たとえ大企業に入っても、変化が起きないなんてことは、今もこの先もあり得ません。

この30年で日本の大企業が世界のトップ10から滑り落ち、日本人の実質賃金が下がったことからもわかるように（85、87ページ参照）、常に同じ状態をキープできるわけではありません。

新卒で望む会社に就職できたとしても、定年まで40年以上ありますから、それまでに会社自体がなくなってしまう可能性だって十分にあります。

もちろん、中には50年にわたり業績を伸ばし続け、安定した高収入を提供してくれる職場もあるかもしれません。しかし、それは難易度の高い話であり、その職場に入るには、それだけ就職活動での競争を勝ち抜く必要もあるリスクの高い勝負でもあるのです。

また、少し前までは変化を避けているように感じられた大企業も、今はお尻に火がついたように、むしろ変化を求めています。

同じ会社でずっと仕事をしてきた人よりも、中途採用で即戦力になる人のほうが高い給料をもらえる時代が訪れている面もあります。

このように、自分がいくら変化を嫌がっても、環境は刻々と変化していて、しかも変化のスピードが加速しています。

そうであるならば、変化を恐れるより、**変化を前提として自分が楽しめる生き方を追求したほうがいい**のではないかと思うのです。

スタートアップ周辺から見える景色

ここまで日本経済に関する暗い話を続けてしまいましたが、スタートアップに身を置いてきた僕の目線では、また違った景色も見えてきます。

前述の通り、この30年で日本は大いに停滞しましたが、スタートアップ市場は急成長しました。

そのことを如実に表しているのが、スタートアップに対する投資額の増え方です。

クラウドワークスが創業した2011年と2022年を比べると、**スタートアップの資金調達額は10倍以上に膨れ上がっています**。2011年は年間600億円ほどだったのが、22年には8000億円を超えているのです。

米国の規模から比べると、まだまだ低い水準とはいえ、1社当たりの調達額も上昇傾向にあり、特にスタートアップの成長ステージの最終段階に当たる、上場が視野に入った「レイターステージ」の大型調達が増加しています。

大企業や銀行などが、VC（ベンチャーキャピタル）に多額の投資をして、これがスタートアップに流れています。

最近はＣＶＣ（コーポレートベンチャーキャピタル）といって、総合商社や自動車メーカー、家電メーカーといった大企業が、自社内にＶＣを設けてスタートアップに投資するケースも増えています。

そうした状況があいまって、スタートアップにかつてない資金が流れているのです。

日本のどこを探しても、10年ほどの間に投資金額が10倍以上も増えた産業はないでしょう。低成長を続けた日本においても、スタートアップの周辺では大きなお金が動き、急速な成長を遂げているのです。


最近のケースでいえば、２０３０年にＡＩを活用した完全自動運転（レベル５）のＥＶ（電気自動車）の発売を目指すＴｕｒｉｎｇ（チューリング）というスタートアップが、創業からわずか半年ほどで、Ｊ－ＫＩＳＳ型新株予約権方式により10億円の資金調達をしました。

Ｊ－ＫＩＳＳ型新株予約権方式というのは、資金調達するスタートアップが新株予約権を発行して、これを投資会社が有償で引き受けることで投資が実行されるものです。

また、核融合発電炉で使用される部品の開発などを主力事業とする京大発スタートアップ、京都フュージョニアリングは、２０１９年の創業からわずか４年ほどで、第三者割当増資により１０５億円を調達しました。

第三者割当増資というのは、会社の資金調達方法の１つで、株主であるか否かを問わず、特定の第三者に新株を引き受ける権利を与えて行う増資のことです。

国内スタートアップ 2022年 資金調達金額ランキング

順位		社名	事業内容	2022年 合計調達金額 (億円)	累計 調達金額 (億円)
1	-	自然電力	太陽光・風力・小水力等の自然エネルギー発電所の発電事業など	744.4	756.5
2	-	UPSIDER	法人カード「UPSIDER」	621.3	664.3
3	-	アルム	医療関係者間コミュニケーションアプリ「Join」など	247.5	306.8
4	-	タイミー	スキマバイトアプリ「タイミー」など	183.0	272.9
5	↑	クリーンエナジーコネクト	再生可能エネルギーの導入・調達のコンサルティング事業	182.6	192.6
6	↓	LegalOn Technologies	AIを活用した契約書レビュー支援サービス「LegalForce」	137.0	198.7
7	↓	アンドパッド	施工管理・業務管理システム「ANDPAD」など	122.0	209.0
8	↓	ティアフォー	「Autoware」を活用した自動運転システムの開発	121.6	296.2
9	↓	Spiber	新世代バイオ素材開発	105.3	1209.2
10	↓	ソフトバンクロボティクスグループ	ロボットプロダクトの研究開発	100.0	1237.0
11	↓	SkyDrive	日本初となる「空飛ぶクルマ」の開発など	96.0	147.0
12	-	AIメディカルサービス	内視鏡の画像診断支援AIの開発	80.0	137.0
12	-	テラドローン	ドローン運行管理システム「Terra UTM」など	80.0	103.3
14	↑	パワーエックス	超急速EV充電用蓄電池「PowerX Hypercharger」の製造・販売など	71.8	72.4
15	↓	Synspective	衛星データを使用したソリューションサービス	70.5	228.0
16	-	五常・アンド・カンパニー	貧困層向け小口融資のマイクロファイナンス事業	70.4	207.8
17	↓	CureApp	ニコチン依存症治療アプリ・COチェッカー「CureApp SC」など	70.0	134.0
18	↓	Rapyuta Robotics	ロボティクスプラットフォーム「rapyuta.io」	65.1	105.6
19	↓	Ubie	AIを用いた問診サービス「ユビー」の運営	62.6	107.2
20	↓	アストロスケールホールディングス	スペースデブリ除去に関する技術開発	58.3	393.0

注1)2023年1月1日時点 注2)一部融資や社債での資金調達を含む 注3)INCJ主導で設立した企業は除く
注4)関連会社からの資金調達は除く STARTUP DBのデータより著者作成

国内スタートアップ　資金調達額と調達社数の推移

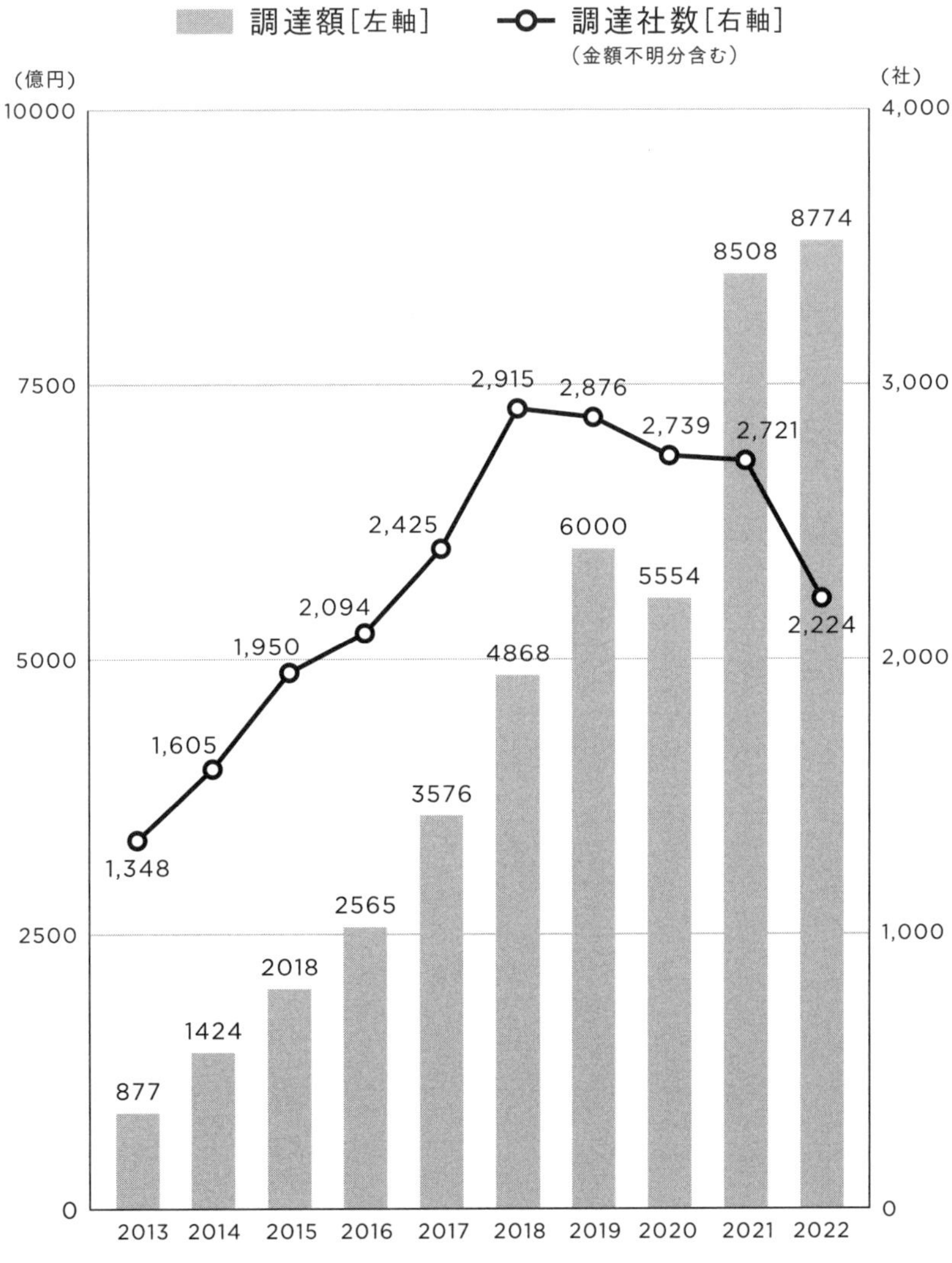

注1)各年の値は基準日時点までに観測されたものが対象
注2)データの特性上、調査進行により過去含めて数値が変動する。
調査進行による影響は金額が小さい案件ほどうけやすく、特に調達社数が変化しやすい
出所)INITIAL(2023年1月19日時点)

他にも民間による月面探査プロジェクトを目指すｉｓｐａｃｅ（アイスペース）など、宇宙関連のスタートアップも増えています。

10年前ではこのようなスケールの事業をスタートアップが行うことは非常に難易度が高かったのですが、今の資金調達環境であれば成功する可能性があります。

優秀な人ほどスタートアップを目指す

スタートアップに流れるお金が増えるということは、そこで働く人の収入も増えやすいということです。

もはや1社に長く勤めているだけでは、収入を増やせない時代に入っていることはお伝えしましたが、スタートアップは会社の成長と本人の実力次第で、大きなチャンスをつかみとることもできます。

経済が停滞する日本に暮らす人にとって、今が厳しい状況であることは間違いありませんが、これを前向きにとらえれば、**自分のワークスタイルを大きく変えるチャンス**です。

世界的な成長企業が次々と誕生する米国では、すでに優秀な人ほどスタートアップを目指す傾向がはっきり出ています。

「アイビーリーグ」と呼ばれる米東部の名門大学群の学生のうち、**一番優秀な学生は起業し、次に優秀な学生はスタートアップに入り、その次のレベルの学生が大企業に入る傾向が強い**ともいわれます。

これはエキサイティングな仕事をして自分が成長できるということに加え、スタートアップのほうが高収入を得られる点も影響しています。

経験年数0〜2年程度の新人エンジニアでも、日本円に換算して年収2400万円ほどをもらえるというケースもありますから、いかに高収入かがわかります。

日本も徐々に米国の状況に近づいており、**スタートアップの社員の年収が、大企業の社員の年収を追い抜いています。**

日本経済新聞社がまとめた2022年の「NEXTユニコーン調査」によると、創業20年以内の未上場企業を分析した結果、2021年度の平均年収が650万円、2022年度の見通しは680万円でした。

一方で、東京商工リサーチの調査によると、上場企業3213社の平均年収は2021年度に前年度比約2％増の605万円ですから、**日本でもスタートアップが上場企業を収入面で45万円ほど上回っている**ことがわかります。

日本人全体の平均年収は約460万円といいますから、やはり成長スタートアップで働く人の年収はかなり高いといえます。

NEXTユニコーン調査では、回答企業に対して優秀な人材を獲得するための施策を複数回答で聞いており、101社が「報酬の引き上げ」を挙げました。今後もますますスタートアップで働く人の待遇は向上すると予想できます。

さらに、スタートアップの場合、ストックオプション制度を設けていることが多く、これが大きな財産になる可能性があります。

ストックオプションとは、給料の一部を会社の株式で受けとるというもの。自分が働く会社が順調に成長し、最終的にIPO（新規株式公開）をするまでになれば、株価が大きく伸びることで、自分の金融資産をかなり増やすことができます。

もちろん、上場できるスタートアップは100社に1社もなく、このような成功が約束されるものではありません。

それでもスタートアップで働くことが、金銭面でも魅力的である環境が整ってきているといえるでしょう。

「日本にスタートアップ10万社誕生」を目指す政府

ここまでにお伝えしてきた理由から、僕は**スタートアップが日本に残された大きな希望**だと信じています。

同様の認識を日本政府も持っているので、これからさらなる追い風が吹く可能性が高いです。

岸田文雄内閣は、2022年を「スタートアップ創出元年」と位置づけ、スタートアップ担当大臣を新設するとともに、過去最大規模となる1兆円の予算措置を閣議決定しました。

そして、同年11月24日に、スタートアップ育成強化の方針となる「5か年計画」を発表し、さまざまなとり組みを明らかにしています。

この計画に「基本的な考え方」として示されている内容を読むと、これからの政府のとり組みに対する期待が高まります。

「スタートアップ育成5か年計画　1・基本的考え方より抜粋」

- スタートアップは、社会的課題を成長のエンジンに転換して、持続可能な経済社会を実現する、まさに「新しい資本主義」の考え方を体現するものである。
- 我が国を代表する電機メーカーや自動車メーカーも、戦後直後に、20代、30代の若者が創業したスタートアップとして、その歴史をスタートさせ、その後、日本経済をけん引するグローバル企業となった。
- しかし、2022年現在、多様な挑戦者は生まれてきているものの、開業率やユニコーン（時価総額1000億円超の未上場企業）の数は、米国や欧州に比べ、低い水準で推移している。
- 他方で、旧来技術を用いる既存の大企業でも、スタートアップをM&Aしたり、コラボレーションをしたりして新技術を導入するオープンイノベーションを行った場合、持続的に成長可能となることが分かってきた。
- 以上を背景として、本年をスタートアップ創出元年とし、戦後の創業期に次ぐ、第二の創業ブームを実現する。そのために、スタートアップの起業加速と、既存大企業によるオープンイノベーションの推進を通じて、日本にスタートアップを生み育てるエコシステムを創出する。

これは日本のスタートアップにとって大きな追い風です。今の日本の豊かさは、かつての経済成長の遺産によるものともいえるでしょう。

戦後に多くの人が起業し、政府が支援し、産業創造により経済が成長し、勝ち残った企業が、今の日本で大企業となっています。

今後の日本の経済成長の種も、起業やスタートアップにあります。内需を増やし、稼げる企業を増やしていくことが重要なのです。

スタートアップ育成5か年計画には、「スタートアップ創出に向けた人材・ネットワークの構築」「スタートアップのための資金供給の強化と出口戦略の多様化」「オープンイノベーションの推進」という3つの柱があります。

これら3つのテーマについて、政府はさまざまなとり組みを実施したうえで、スタートアップの育成を図る予定です。

その結果として、政府は2027年度にスタートアップへの投資額を現在の10倍を超える10兆円規模にするとともに、**日本からユニコーンを100社、スタートアップを10万社創出する**ことにより、日本が世界有数の〝スタートアップ集積地〟になることを目指しています。

これが実現すれば、日本経済に及ぼすインパクトは計り知れません。僕もスタートアップのプレイヤーとして、目標達成の一助になれればと願っています。

挑戦しない理由はない

日本のスタートアップの状況に、僕が見た希望の光を感じていただけたでしょうか。

日本の高度経済成長を支えた大企業が苦境に立たされている一方、スタートアップは成長を加速させています。

米国と中国は、PC、スマホ、インターネット、AI、EVでイノベーションを起こし続けることに成功しました。

米国の巨大テック企業GAFAM（グーグル＝アルファベット、アップル、フェイスブック＝メタ、アマゾン・ドット・コム、マイクロソフト）をはじめ、EVのテスラ、半導体大手エヌビディア、中国の電子商取引（EC）最大手のアリババ集団、ネットサービスのテンセント、ネット検索のバイドゥ、スマートフォンのシャオミといったスタートアップが現在進行形で世界を塗り替えています。

今のところ日本は残念ながら後れをとっていますが、**起業する環境が整いつつある今、日本企業がイノベーションを起こせない理由はありません。**

すでにソフトバンク、ファーストリテイリング、ニデック、楽天など多くの日本企業がグローバルにビジネスを展開していますし、これからは2000年以降に誕生したスタートアップが存在感を増していくはずです。

こうした変化の激しい環境では、チャレンジしないことがむしろリスクになります。

チャレンジをする人としない人で、金銭面のみならず、自己成長や働き方の自由度、精神的な豊かさなど、さまざまな部分で大きな差が出るはずです。

今、僕が一緒に仕事をしているカフカという会社の創業メンバーは、10代のときに「大学に進学しない」ことを意図的に選択した人たちです。

彼らは大学には進まず、それぞれに会社を創業し、プログラミングのスキルを身につけ、自分たちでサービスを開発しています。

このように、**「偏差値の高い有名大学を卒業して大手企業に入る」というトラディショナルな成功概念の枠組みから飛び出した人が活躍する時代が、すでにやってきています。**

現状に甘んじていたら、何も変わりません。

もしこのまま日本の個々人が行動を変えなければ、やがてとり返しがつかないほど世界に後れをとることになります。今の生活をよりよいものにしたいのであれば、挑戦しない理由はありません。そのための具体的な方法を、次章でお伝えします。

第3章

5つの起業戦略

副業・独立・社内起業・転職・スタートアップ起業

起業家精神で自分に合った働き方を選ぶ

僕は起業という冒険を人生の核として、これまでのキャリアを歩んできました。自らビジネスを立ち上げ、あるいはスタートアップの創業メンバーとして社会を革新することは、とても刺激的です。ただし、僕がすすめる起業は、一般にいわれるところの起業に限定していません。

ゼロから大きな会社をつくるのは夢のあることですが、多くの人ができることではありません。もちろんそれを狙う人生も素晴らしいですが、**「会社や組織に依存せず、自立して目標を持ち、リスクをとって行動していく」**という観点で考えれば、**副業や独立、転職なども十分起業家精神をともなう行動**だと思うのです。

起業の「業」という漢字には、「生活を支える仕事」という意味が含まれるそうです。

どんな方法を選択するにせよ、挑戦して自分の手で仕事をつくる覚悟をすることは、人生においてとても大切なことです。第2章でさまざまなデータや社会の変化を見てきましたが、これからの時代は自立した人生戦略がより一層重要になってきます。

そこでここからは、起業家精神を活かした働き方として、次の5つのタイプに分けたうえで、それぞれ具体的な説明をしていきたいと思います。

①副業
②独立
③社内起業
④転職
⑤スタートアップ起業

第2章で述べたように、もはや終身雇用をあてにした人生設計は成り立たない時代です。漫然と人生を送ってしまってはもったいないうえに、ますます人生が不安に満ちたものになっていくかもしれません。

そこで、これから具体的に説明する5つの働き方を選択肢に入れることにより、自分の力で自立して生きていくことを現実的に考えられるようになります。

どの選択肢もおすすめですが、自分自身の人生の目的や現在の年齢、立場などに合った方法を見つけ、実際に行動することが重要です。

現在の自分に当てはまるか、チャレンジできそうか、考えながら読み進めていただければと思います。それでは、1つずつ見ていきましょう。

① 副業

先端企業の社員の40％は副業をする時代

自分の働き方を変えようと思ったとき、最も手軽にチャレンジできるのが「副業」です。昨今の人手不足を受けて、日本企業は社員の副業を促す方向に進んでいます。

２０１８年に厚生労働省が副業・兼業の推進に関するガイドラインを定めたのを機に、大企業を中心に多くの企業が社員の副業を解禁しました。

２０２２年にクラウドワークスが行ったアンケート調査によると、**59・6％が、副業の経験もしくは副業の意向がある**とわかりました。

この流れに先駆けてクラウドワークスでは、社員が多様な働き方を実践し、スキルや経験の幅を広げるために、２０１６年７月に副業禁止の規定を撤廃し、自由化しています。

副業解禁後、クラウドワークスでは副業にチャレンジする社員が増え続け、２０２１年時点で**従業員全体の約４割まで増加**しました。

自分が副業を続けられる理由

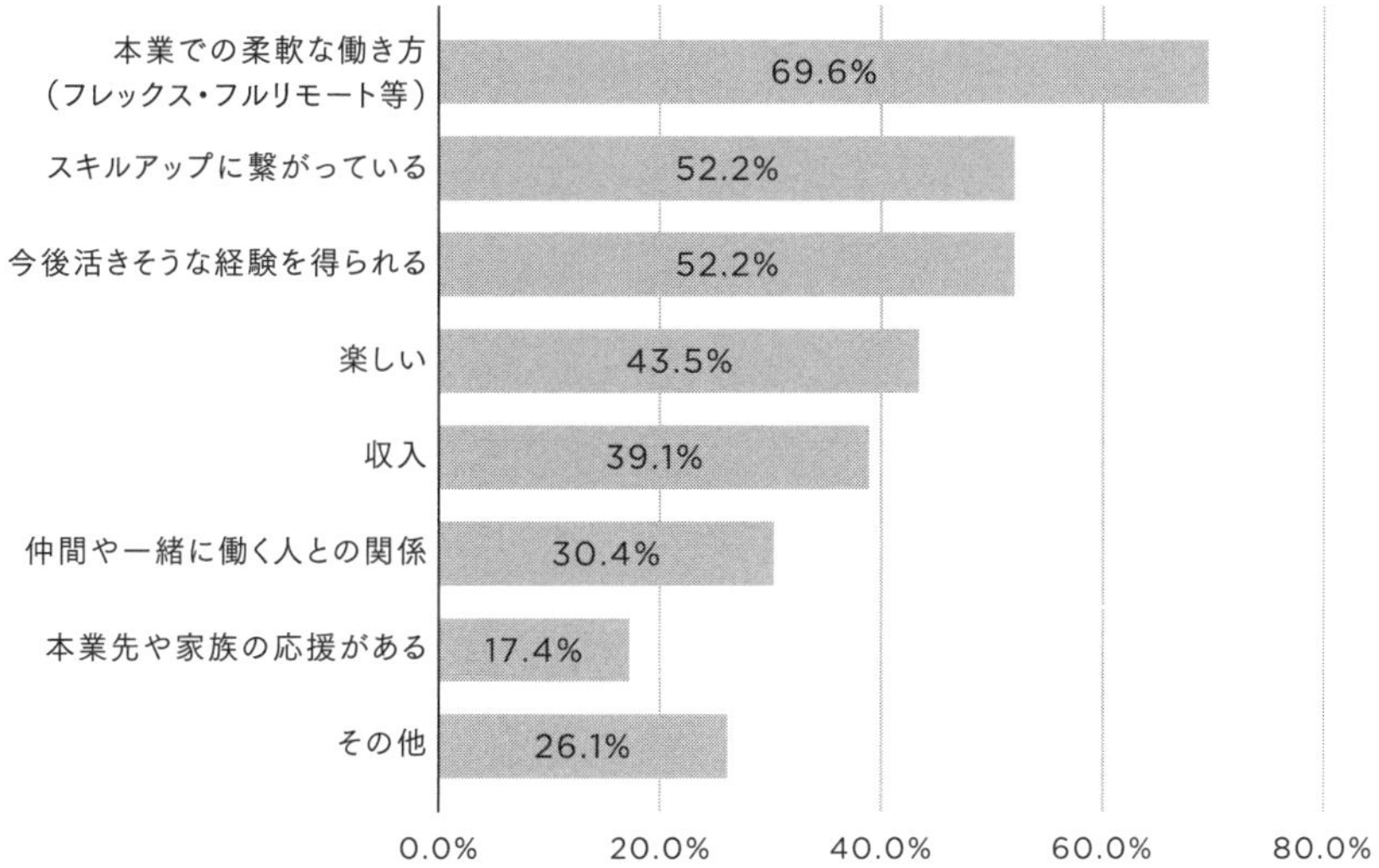

複数回答（n＝63）
※小数点以下第2位を四捨五入
©2021 Crowdworks,Inc.

社内アンケートによると、副業のメリットとしては、収入が増えることはもちろん、「スキルアップ」「経験を得られること」「楽しい」といった点も上位に挙がっています。

また、同じアンケートで副業を続けられる理由も尋ねていますが、「本業での柔軟な働き方」が最も多く挙げられました。

これはクラウドワークスが２０１９年に「フルフレックス・フルリモート勤務制度」を導入し、勤務時間や勤務場所を自由化したことが大きく影響しています。

副業に興味がある人は、副業が認められ、働き方がある程度自由な組織に就職することも、人生戦略として重要になります。

クラウドワークスだけでなく、ソフトバンクやヤフー、サイバーエージェントといったＩＴ企業を中心に副業は解禁されるようになってきていますが、その流れはトラディショナルな大企業にも波及しています。

たとえば、みずほフィナンシャルグループでは、２０１９年10月に副業を解禁し、新入社員や競合他社での副業などの例外を除いて、広く副業を認めています。そのため、みずほ銀行の行員が、税理士や社会保険労務士などの士業資格を活かして副業でコンサルティングを行うようなケースも増えているといいます。

少し前までは、日本の大企業で副業が認められることは想像しにくかったですが、時代は変わりました。その背景には、社内では得られないスキルや経験を持つ人材を求めていることに加え、働く場としての魅力を高める目的があると思います。

自ら主体的に学び、動き、価値を生む。そんな起業家精神を持つ人材を集めるために、多くの企業が多様な働き方を認めているのです。

まずは収入目的の副業でＯＫ

副業のメリットは金銭面に限りませんが、**まずは「収入アップ」を目的にしても構わない**と僕は思っています。

前章で述べた通り、日本人の賃金がなかなか上がらない時代が続きましたし、いまだに年功序列型の賃金体系の日本企業では、収入を大きく伸ばすには、時間をかけて出世してポジションを上げる必要があります。

たとえスキルがあっても、管理職にならないと給料が増えにくい状況がありますから、副業で収入を増やすことを考えたほうが即効性があります。

実はこうした賃金体系は終身雇用を前提とした日本社会の古くからの慣習も影響しています。職務に応じて給与を定める「ジョブ型雇用」が根づいている米国では、役職ではなくその人のスキルや知識、経験といった職能により給料が決まります。

日本も徐々に米国のような成果報酬型の賃金制度に変わる傾向も感じられますが、現時点では新卒一括採用に代表される「メンバーシップ型雇用」による終身雇用が前提の賃金制度が維持されている企業が少なくありません。

少子高齢化が加速する日本では、人口の多い上の世代が詰まっていて、若い世代に役職が回ってこない構造的障壁があるうえに、そもそも管理職になるのを嫌がる若者も増えています。

僕はX（旧・ツイッター）などのSNSで、よく人生相談を受けるのですが、特に地方の比較的安定した会社に勤める20代ほど、「**給料を上げたいけれど、上のポジションが詰まっていて難しい**」「**管理職になるにはあと5年はかかりそうだ**」「**管理職になってもわずかな給料アップしか見込めない**

のに、責任はどんどん重くなる」というジレンマを抱えているようです。

こうなると収入を増やすために、できるならば副業をしようとするのは自然な流れだと思います。

副業で手軽に収入を増やせるのは、今を生きる人の特権ともいえます。さまざまなテクノロジーのおかげで、ひと昔前よりも、はるかに副業をしやすくなっているからです。

インターネットがなかった頃は、業務を請けるにはオフィスに出向くための距離や時間の制約がありました。勤務先や自宅のそばに副業ができる場所があればいいのですが、そもそも副業ワーカーを募集しているか調べることさえ困難でした。

でも今は募集している会社をスマホ片手に自宅でも電車内でも見つけることができ、多くはリモートワークが可能です。

ＩＴ関連やコンサルティング業務であれば、ビデオ会議システムのＺｏｏｍ、ビジネスチャットツールのスラックやチャットワークなどのコミュニケーションツールを使えば、業務連絡や打ち合わせはすべてオンラインで完結できます。

仕事の資料などがクラウドで管理されていれば、場所にとらわれずに仕事ができますから、たとえば東京の会社に勤めながら、リモートで地方の会社で副業をすることだって十分に可能です。

ＳＮＳはもちろん、クラウドワークスが提供する「クラウドリンクス」というサービスなど、副業ワーカーを募集する仕事のマッチングサイトなども普及しており、仕事を探すコストも10年前と比べると比較にならないほど低くなりました。

大企業やＩＴベンチャーでも、新卒3～5年目であれば年収５００万円に届かないくらいが一般的だと思いますが、副業で年収を50万～１００万円ほど増やしている人もいます。

年収１００万円増といえば月収換算で約８万円増ですから、本業でこれだけの月収を増やすのは簡単ではないでしょう。でも副業なら、**週末や夜の時間を使って月に5万～10万円程度を得ることも不可能ではありません**。

もし今勤めている会社でリモートワークが認められるのなら、通勤時間がなくなることで生まれた時間を副業にあてるのも１つの手です。

これまで片道1時間、往復2時間×５日間で週10時間（月40時間）を通勤にあてていたとすれば、リモートワークで浮いた通勤時間に副業をすれば、年収１００万円アップも決して夢ではありません。

単純計算ではありますが、時給２０００円×月40時間で、平日だけでも8万円稼げるようになる計算です。もちろん、毎日リモートワークが認められている環境にある人は限られるかもしれませんが、平日は週に数日、さらに週末にプラスアルファの時間をかけられるならば、より収入アップにつながります。

もしも現在の給料に不満を感じているのなら、たとえば「**本業80％、副業20％**」といったイメージで複数の仕事を持てば、収入を増やしやすくなるでしょう。

本業と副業でシナジーを高める

副業は、本業と絡めることでシナジー（相乗効果）を生み出せます。そのことがよくわかるのが、クラウドワークスでプロダクトオーナー（製品開発の責任者）を担う竹ノ谷知香さんのケースです。

竹ノ谷さんは2015年にクラウドワークスに新卒で入社し、サービスの立ち上げや営業、プロダクトオーナー、マーケティングなど幅広い業務を担当していました。

彼女が副業先として選んだのが、花を宅配するサブスクリプション（定額課金）サービス「ブルーミー」を手がける「ユーザーライク」というスタートアップです。

竹ノ谷さんが副業をはじめた頃、クラウドワークスで担当していたサービスの立ち上げが、ひと段落していたのですが、彼女は「**もう一度立ち上げのフェーズでガツガツやりたい**」という想いに駆られていたといいます。

そのタイミングで、竹ノ谷さんは友人が投稿したＳＮＳでブルーミーのことを知りました。もともと花が好きだったこともあり、すぐさま運営会社のユーザーライクに問い合わせて、社会人インターンとして受け入れてもらうことが決まったのです。

こうして業務委託の形で竹ノ谷さんの副業がスタートし、広報・PR、法人向けサービスの立ち上げ、サービスのUX（ユーザー体験）改善のデータ分析やディレクション、UX設計・検証運用、ユーザーヒアリングといった多岐にわたる仕事を任されるまでになりました。

竹ノ谷さんがすごかったのは、副業でこれだけ多岐にわたる仕事をしつつも、クラウドワークスの本業をまったくおろそかにしなかったことです。

平日の夕方にクラウドワークスを退社した後、副業先でミーティングを行い、実作業は平日の朝や夜、休日に行う。そのためにタスク量をコントロールし、事前に稼働できる時間を副業先に伝えるなど、いろいろと工夫をしたそうです。

そんなふうに本業と副業のどちらも本気でとり組んだことで、**彼女は本業の経験を副業に活かし、副業で新たに得た経験を本業に活かすという好循環を実現しました。**

このように副業をうまく活かすことで本業とのシナジーを生むことも可能です。収入アップにもつながるし、副業先で得た経験が本業にも活きてきます。さまざまな仕事をすることで見識も広がっていきます。

ただし、本業で結果を出せない人が、副業をやってもうまくいきませんし、本業にも支障をきたしかねません。

副業のために本業をおろそかにすると、評価されず給料も上がりませんし、本業である程度成果を出す成功体験を得ていないと、ただでさえ労働時間の短い副業で満足のいく成果をあげることは難しくなります。

そういった意味で、副業をはじめる前に「本業でしっかり結果を出せているか？」と自問することが欠かせません。その問いに対して自信を持って「イエス」と答えられるのなら、収入を増やしたりスキルアップしたりする手段として、副業は有効だということです。

イメージとしては、**自分の80％の力で、本業で求められる役割を１００％果たす。そして、残り20％の力を副業に向けるという感じです。**これができると確信が持てたら新しいことに手を広げていく時期なのかもしれません。

クラウドワークスやココナラなどのサービスを利用すれば、サイト経由で仕事を得ることもできます。スキルを持つ人であればコンテンツ制作や動画編集、デザインなどの仕事を副業として請け負うことも可能です。

どこでも使えるスキル（ライティング、動画編集、デザイン、開発など）を身につけるという目標を立てれば、明日からの1日の時間の使い方は確実に変わっていきます。そして、本業で成果を出すことに加えて、副業という選択肢が現実的なものに思えてくるはずです。

「副業なんてムリ」と思った人も、悲観することはありません。

その気づきを次の目標につなげればいいのです。「副業で結果を出せる人間になりたい」という目標を立て、そのために本業でも成果を上げるような行動をすれば、必ず成長につながります。

副業を選択肢に入れることで、本業ではできない経験や知識、人間関係を得て、世界が広がることは間違いありません。最初から気負いすぎる必要はありませんが、どんな企業でも、必要とされる人材になる。そのために本業で成果を出しつつ、成長する。

この目標を掲げて行動できれば、必ず新しい道が目の前に拓けるはずです。

② 独立

労働力人口の半数がフリーランスになる時代

副業の次は、「独立」という選択について考えてみましょう。

米労働省の調査によると、2022年時点の米国のフリーランス人口は7040万人で、全労働者人口の36%を占めています。

しかも**フリーランス人口の割合は、高学歴になるほど高くなり、大学院修了の学歴を持つ労働者の51%がフリーランス**です。

一方で日本の現在のフリーランス人口は労働力人口の2割ほど。僕はこれから日本のフリーランス比率は米国並みに高まっていくと考えています。

フリーランスは、自分の働き方、働く場所をある程度コントロールできる生き方です。それだけ力やスキルが必要なわけですが、自分の力で食べていけるだけの自信がつけば、より人生を能動的に送ることができます。

フリーランスといえば、かつては「会社に就職できない人」「会社にいられなくなった人」「収入が不安定」といったネガティブなイメージを抱かれがちだったと思います。会社員や公務員であることが当たり前で、フリーランスというのは二の次の選択肢だったわけです。

でも、そんな認識は急速に過去のものになろうとしています。米国では高学歴になるほどフリーランスの割合が高まっていることからもわかるように、日本でも優秀な人が次々とフリーランスになる傾向が強まっています。

僕は社会人のバスケットボールサークルに所属しているのですが、かつて大手の広告代理店やゲーム会社などに勤めていたチームメイトの**8割が今や独立・起業**しています。結婚して子どもがいる30代の人でも、当たり前のように独立に踏み切っているのです。

そうした時代の変化を、僕はクラウドワークスのクラウドソーシングサービスの浸透ぶりからも感じていました。

クラウドワークスは、フリーランスの人に仕事を提供するマッチングプラットフォームとして2012年にスタートしましたが、当時を振り返ると、フリーランスとして働くのはエンジニアやデザイナーのような一部のスペシャリストに限られていて、リモートワークも一般的ではありませんでした。

そのため、サービス開始時は、利用者のターゲットをエンジニアとデザイナーに絞っていました。

ところが、この10年ほどの間に日本人の働き方は一変しました。マーケターやコンサルタント、営業など、**個人でも能力があれば、大企業と対等にビジネスができ、収入面でもフリーランスが大企業の会社員を追い抜くことは珍しくなくなっています。**

フリーランスにとって追い風になっているのは、テクノロジーの進歩によって個人でも生産性が高く働けるようになったことです。これは前述した「副業」にもいえることですが、クラウドで使える会計ソフトや請求代行サービスなどが次々と生まれ、以前は会社のバックオフィス部門が担っていたさまざまな業務が自分でできるようになっています。

人手が必要なときも、オンライン秘書サービスなどを使えばサポートしてもらえます。スマホでチャットができ、オンライン会議ができ、ドキュメントも表計算ソフトもすべてクラウドで簡単に操作することができるようになっています。

何よりクラウドソーシングサービスを筆頭に、オンラインで仕事を受注できる仕組みができたことが、フリーランスにとっては大きな強みです。

前述したように20年ほど前までは、フリーランスが仕事を得るには、人の紹介か、営業をかける他ありませんでしたが、今はクラウドソーシングのサイトに情報を登録しておけば、クライアント側からアクセスしてくれますし、自分から仕事に応募することも可能です。

そう考えると、独立することのリスクはかつてほど高いわけではなく、むしろ積極的にチャレンジできる環境が整っているといえます。

社員の独立を支援する企業のとり組み

働き方の多様化に合わせて、社員の独立をサポートする企業も増えています。

2019年4月に電通が本格導入した早期退職プログラムでは、希望者が早期退職後に個人事業主となり、電通が設立した子会社と10年間の業務委託契約を結ぶというしくみになっています。

これにより早期退職の希望者は、個人事業主として電通の業務を担い、一時的に安定した仕事・収入を得ながら、他社から受注する仕事も請けられるようになります。

つまり、最初は電通の仕事をメインにしながら、徐々に外部の仕事の割合を増やしていくことができ、より低リスクで独立を軌道に乗せられるというわけです。

さらに、このプログラムを利用すると、個人事業主として仕事を獲得する方法などを学ぶセミナーや、電通が用意するイベントスペースやコワーキングスペースを利用できるなど、さまざまな支援を受けられます。

独立や起業は魅力的なキャリアですが、会社を辞めてすぐに活躍できる人ばかりではありません。とくに家族がいたり、ローンを抱えていたりする人は、いきなり退職するのは不安なはず。退職後に十分な収入を得られる確証はないので、独立や起業の心理的ハードルは高くなります。

電通の早期退職プログラムは、こうしたキャリアチェンジにともなう不安やリスクを軽減するしくみになっており、僕はとても価値があると感じました。

このプログラムのように、徐々に会社員からフリーランスに移行していける仕組みが日本の社会に広まれば、新たなキャリアにチャレンジしようとする人も増えてくるはずです。

企業の早期退職についてはネガティブな論調で報道されることが少なくありません。でも、早期退職がきっかけで、優秀な人材が次のキャリアにたどり着く成功事例もたくさんあるのです。

これからの日本は、大企業から優秀な独立したり転職したりする事例を増やすことが重要です。終身雇用や年功序列を基盤としてきた日本社会において、人材の流動性が高まることこそが日本が変わるための大事なポイントなのです。

そのための環境を整備する大企業がどんどん出てくることで、より多くの人が挑戦できる社会環境が整っていくことを期待しています。

自分らしい働き方を実現

フリーランスのいいところは、働き方を自分で選ぶことができる点です。働ける時期は目いっぱい働いて収入を増やしてもいいし、子育てなどに時間を割きたければ仕事をセーブしてもいい。働く場所や一緒に仕事をする人、請ける仕事の内容など、さまざまな点で自由度が高いです。

会社員であれば、自分の成果が収入に直結しないこともままありますが、やればやるだけ自分の収入が増えることもフリーランスの大きな魅力です。

このような数々の魅力に気づいたからでしょうか、**僕の周りにはここ数年で独立した人が数え切れないほどいます。**

前述したバスケットボールサークルのメンバーに加え、クラウドワークスで一緒に仕事をしていたメンバーやパパ友など、いろいろな人が会社から独立しました。

そのうち、クラウドワークスから独立した人の事例を2つご紹介したいと思います。ちなみに、ここでいう独立は、**個人事業主になるだけでなく、法人を立ち上げてスモールビジネスを行うケース**も含めています。

―― 高林努さん

電通グループ会社から上場前のクラウドワークスに転職し、上場を経験した後、独立。現在は鳥取県の地方創生に関わる企業を立ち上げ、インターネット通販事業を展開中。

―― 永井涼平さん

複数のIT企業で人材事業などに従事した後、ウェブ系事業会社のエンジニア採用支援を行う人材コンサルタントとして独立。

ここでとり上げた2人をはじめ、僕の周りで独立した人たちは、独立をきっかけに、その人らしい仕事やライフスタイルの実現に近づいているように思います。

彼らは、ずっと心に抱いていた夢を叶えるために独立したというわけではありません。

転職やベンチャーでの経験をもとに、人生で新しい何かにチャレンジしたいという気持ちを抱くようになり、自分の目の前にある機会をつかんで動いていたら、いつしか独立や起業という選択肢にたどり着いた。

そんなふうにして人生を豊かにしているのだと、僕は理解しています。

「いつ、どんな形で」と具体的な目標を立てる

独立に興味があるのであれば、「いつ頃、どんな形で独立する」と具体的な目標を立てることが大切です。

フリーランスとして生きていくなら、何かしらの強みが必要です。もし自分がやりたいことに対して実力がともなっていないと思うのなら、まずは会社員として経験を積むことです。

先ほどの2人を含め、独立した僕の友人は、さまざまな領域で事業をしていますが、みんな最初はどこかに就職して、それぞれの分野で経験を積んでいます。

経験を積める場に身を置いたうえで、5年から10年という時間軸で実力を培って、それが結果的に独立の準備になったのです。

ライフプランは人それぞれですし、シニアの独立も多くなっているので、どのタイミングでも遅いということはありません。

大事なことは、その時間軸を常にイメージして実力をつけること、今の会社の看板がなくなって

も仕事を得ることができるのか、自問自答しながら仕事や勉強にとり組むことです。

人生は長いですから、焦る必要はありません。そして、目の前の仕事でも経験できることはたくさんあります。ただ将来のイメージを描きながら行動しているのか、もしくはしていないのか。この差は、とても大きいです。

「30歳で独立」「40歳で起業」といった具合に、「いつ、どんな形で」という目標を立てて、必要なスキルや経験を積み重ねていく。

そうした目標設定と地道な経験の積み重ねの先に、自分の力で自由な働き方を実践し、活躍できる未来が待っているのだと思います。

③ 社内起業
会社員として新規事業を立ち上げる

副業や独立という形ではなく、チームをつくって多くの人に喜ばれるビジネスを展開したいと考える人もいるでしょう。

そのような場合、会社員でありながら起業を経験できる「社内起業」という方法があります。

社内起業とは、**すでに自社で展開している事業とは違う新規事業を立ち上げる**ことを意味します。

社内起業のことを「社内ベンチャー」と呼ぶこともあるように、社員でありながら独立したベンチャーのように新規事業を立ち上げるのが特徴です。

社内起業家のことを「**イントレプレナー**」とも呼びますが、これは「社内＝インサイド」「起業家＝アントレプレナー」を組み合わせた造語です。

クラウドワークスでは、ここ10年ほどの間に社内起業で15の新規事業が立ち上がりました。そのうちの1つが、「ビズアシ」という社内ベンチャーです。

ビズアシは、2016年7月に経理や人事、広報などの専門職、カスタマーサポートや調査、翻訳、文書作成など非エンジニア領域のスキルを持つ人材と時間単価制で契約するサービスとしてスタートしました。その後、分社化して運営していましたが、**立ち上げてからわずか1年3カ月で月商が約16倍まで急成長しました。**

現在は事業の運営が再度親会社に戻っていますが、ビズアシのビジネスは成長を続け、いまではクラウドワークスの収益の柱の1つになっています。

社内起業でこのような結果を出すと、プロジェクトに参加したメンバーの社内評価が上がるのは当然ですが、転職するときにも有利に働きます。

ビズアシを創業した奥野清輝さんは、今はクラウドワークスの執行役員を務めていますし、創業メンバーの1人である後神勇次さんは、ビズアシの取締役を務めた後、SaaS（ソフトウェア・アズ・

ア・サービス）とフィンテックの開発を手がけるＬａｙｅｒＸ（レイヤーエックス）の営業メンバー第１号として採用されました。

彼らのように新規事業の立ち上げと成長を経験すると、どこでも活躍できる人材になり、会社のほうから声がかかるようになります。そして、多くの会社で欲しいと思われる人材になれば、自ずと給料も上がります。

社内起業にチャレンジすることは、会社員として働く人にとって心躍るエキサイティングな体験であるうえに、人生のリスクも軽減できる有効な手段の１つなのです。

社内起業を経験する3つのルート

「社内起業には興味があるが、どうすればいいのかわからない」という人も多いのではないでしょうか。

そこで、社内起業をするための代表的な３つのルートを紹介したいと思います。

ルート① 社内公募に応募する
ルート② 新規事業担当者として抜てきされる
ルート③ 自ら新規事業を上司に提案する

ルート① 社内公募に応募する

社内公募は、会社の制度として社内起業が認められているケースです。

クラウドワークスでも社内公募制度を設けていた時期があり、新規事業のアイデアを自由に、もしくは期間を決めて提案できる仕組みにしていました。

事業プランを社内でプレゼンし、審査に通れば、晴れて事業化を進めるというのが、社内公募の一般的な流れです。

リクルートグループでは、40年以上続く新規事業提案制度「Ｒｉｎｇ」（「リクルート・イノベーション・グループ」の略）があり、ここからフリーペーパー「Ｒ25」やオンライン教育サービス「スタディサプリ」などの事業が生まれたといいます。

毎年１０００件ほどの応募があるそうですが、ここからいくつかの段階で審査され、最終的には社長や役員にプレゼンをして、事業化に向けて動き出す。そうやって新規プロジェクトが生まれていきます。

リクルートの新規事業提案制度「Ring」の仕組み

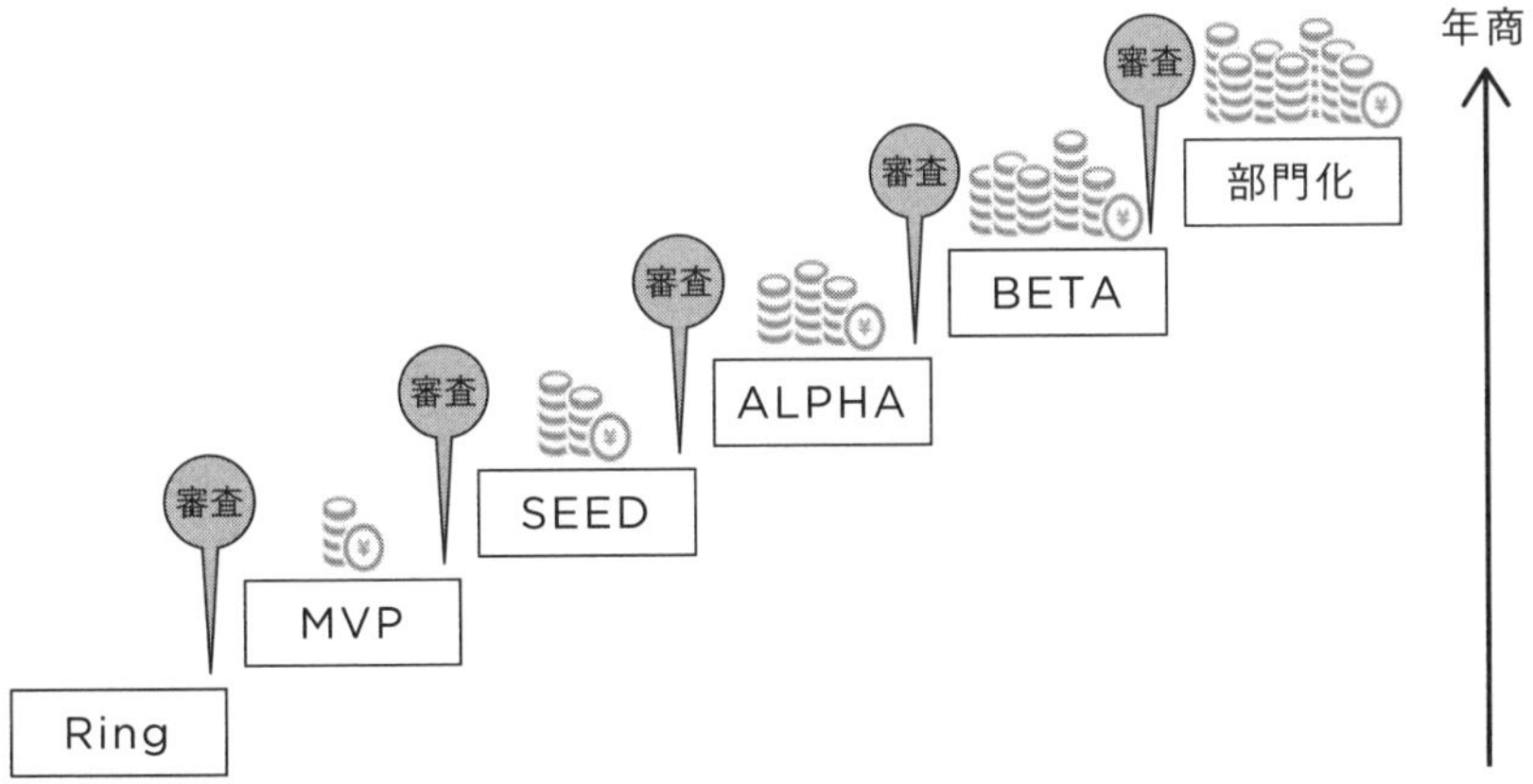

出所）https://ring.recruit.co.jp/

このような社内起業の公募制度がある会社に勤めている場合、新規事業のプランを考えてチャレンジしてみるといいでしょう。

最終的に新規事業として採用されなかったとしても、**アイデアを事業プランに整理し、磨き上げ、プレゼンをして人に伝えるというプロセス自体から大きな学びを得られ、貴重な成長の機会になります**。また、上司に「この人は新規事業をやりたいんだな」と認識されるので、別の新規事業のメンバーとして声がかかる可能性も出てきます。

そもそも、このような社内公募制度を設けている会社は、会社として新規事業を推奨しているので、新しい価値を生み出すことに貪欲な姿勢が感じられます。

そうした会社には起業家精神を持つ人材も多く、通常の事業部門にいたとしても日々アイデアを考えている人がいたり、質の高い新規事業の情報が流れていたりします。

まず就職や転職の段階で、新規事業を生み出す制度や風土がある会社なのかを検討事項の1つに入れてみるといいでしょう。

ルート② 新規事業担当者として抜てきされる

現時点で社内起業が制度化されていない会社に勤めている場合、新規事業担当者として抜てきされる人材を目指してみるのもいいと思います。

僕自身、クラウドワークス時代には、常に新規事業のアイデアを考えていましたが、アイデアと同時に重要になってくるのが「チーム」です。

誰と誰を組み合わせて新規事業を立ち上げるかに、強く意識を向けていました。

新規事業の成功はおおよそ、**アイデア20%、実行80%**です。

いいアイデアがあっても、いいチームをつくって、そのチームがやり切らないと、新規事業は成功しません。

社内で常にいろいろな人と接点を持ち、その人がどんなスキルを持ち、どんな性格で、どんな熱意を持つのかを把握して、タイミングを計って声をかけるようにしていました。

そのときに新規事業のチームに呼びたくなるのは、その事業を立ち上げるにあたり、なんらかの強みを持っている人です。そして何より新規事業に対する熱意があること。そして、やり切ってくれそうな人です。

ソフトウェアのサービスを立ち上げるならば、ゼロからサービスを作れるエンジニアや体験を形にすることができるデザイナー、初期のユーザー集めや利用企業集めに奔走できそうな営業の人材が必要になります。

金融や医療など特定の業界で新規事業を立ち上げるならば、その業界での知見のある人材も必要になります。

新規事業は不確実性が高いですから、ある仮説を立てて、素早く実行し、そこから得た学びから当初の仮説を修正するなど、トライアル・アンド・エラーを繰り返しながら、臨機応変に進めることが必要です。

そのときに経営陣が重視するのは、ポジティブで柔軟なマインドセット。そして事業を成功させたいという強い意欲がある人材かどうかです。

もし社内で新規事業を立ち上げたいという熱意があるならば、普段の会話から自分の強みや新しい事業への情熱をアピールしておくことが重要になります。

もちろん、新規事業を任される人材になるため、常に勉強し、努力を積み重ねていくことが欠かせません。

ルート③ 自ら新規事業を上司に提案する

最後に、上司や経営陣に社内起業を自ら提案し、ポジションを勝ちとるという方法もあります。いわゆる「**直談判**」というヤツです。

新規事業の提案制度がない会社に勤めているのであれば、ただ待っていても社内起業のチャンスは巡ってきません。

「こんな新規事業をやりたい」「社内起業をしたい」という強い思いがあるのであれば、アイデアをまとめて上司に相談して、新規事業として認めてもらう必要があるわけです。

この方法を選ぶのであれば、「熱意」と「行動」が何より重要になります。そのための具体的なポイントを次に説明します。

社内の人から応援される人になる

人材サービス大手パーソルキャリアの転職支援サービス「デューダ」のCMに印象的なものがありました。

俳優の林遣都さんが演じるサラリーマンが上司に企画書を渡すと、「オレはいいと思うけど、上がね……」と言って書類を突き返され、主人公が転職を決意するというシーンです。

世の中には新規事業に積極的でない企業もあるでしょうし、ただアイデアを話してみるだけでは突き返される可能性が高いでしょう。

デューダは転職サイトなので、ＣＭの主人公は「そうだ、転職しよう」となるわけですが、現実には**いったん立ち止まって自分のやり方を見直してみると、また違う結果が得られる**可能性があります。

たとえば、次のようなことを考えてみてください。

- **適切な人にアプローチしたのか？**
- **その人との関係をきちんと構築できているのか？**
- **提案した企画はどれほど練られていたか？**
- **そもそも、自分は会社で認められる成果をあげてきたのか？**

そのようなことを振り返り、自分に不足しているもの（改善点）を知ることも、新規事業を任せられる人材になるための大事な一歩です。

僕がクラウドワークスに在籍していた頃、若い社員から新規事業のアイデアの相談を受けることが少なくありませんでした。新規事業として実現したケースも、実現しなかったケースもありますが、実現は**最終的には本人の努力、それを支える熱意によるところが大きい**と感じています。

たとえば、2022年にクラウドワークスの新規事業としてスタートした「circle（サークル）」は、2018年に入社した紺谷弥生さんの熱意が発端でした。

これは、月額4万5000円（当時）からの定額制で各地の施設に好きなだけ滞在できるサブスクリプション（定額課金）サービスです。

2022年12月にまずは大阪と和歌山・岡山・福岡・宮崎の5つの府県にある施設を対象に有料会員を募るところからはじまりました。

2021年のある日、紺谷さんは僕のところに新規事業の立ち上げについて相談にきました。3年前の入社時から彼女には「**新規事業を立ち上げられるようになりたい**」という思いがあったようです。

ただし、いきなり新規事業を立ち上げられるわけではありません。まずは与えられたポジションで成果を出し、そこから次のチャレンジの機会を探っていたといいます。

そうした中で、新規事業の担当役員である僕に直接話がしたいということで、相談にやってきたのです。

僕はそれまで彼女と一緒に仕事をしたことがなかったので、これまでのキャリア、これからのビジョンを聞き、そこから「一緒に新規事業を考えてみましょうか」と企画づくりをはじめました。

そうして僕は、クラウドワークスを退社するギリギリまで、サービスの立ち上げの手伝いをすることになりました。

なぜ僕が彼女のチャレンジを応援しようと思ったのか？　それは**本人の熱意に加え、本業できちんと成果をあげていた**ことが大きかったです。

紺谷さんは僕に相談する前から営業やマーケティングなどで成果をあげ、既存事業の枠内でも新しいアイデアを実行して、社内で表彰されるほどの成果を出していたのです。

だからこそ直属の上司も「3年頑張って成果を出してくれたし、それだけ熱意があるのなら応援しよう」と、新規事業を担当する部署への異動を認めました。

僕の知る社内起業を成功させた人たちの共通点を考えると、「**最初は既存事業に力を注いで成果を残し、その後に新規事業にチャレンジしている**」もしくは「**転職前から事業の立ち上げを経験していて、その経験を踏まえて転職している**」かのどちらかです。

何ごとも最低限のステップや必要な経験はあるものです。

副業の話と重なりますが、会社の本業をおろそかにして、いきなり社内起業をやろうとしても結局は認められないか、認められたとしても、その事業はうまくいかないことが多いです。

ゼロから事業を生み出すことは、すでにベースとなる仕組みがある中で成果を出すよりもはるかに難しいです。だからこそ、社内の新規事業の多くは失敗に終わるという現実があります。

社内起業の成功は、アイデアはもちろん、そのチームがどれだけいいチームかに大きく左右されます。そして、社内のメンバーが応援してくれるかにも。

いくら素晴らしいアイデアを思いついたとしても、誰も協力してくれなければビジネスとして形になりませんし、「社内で成果を出していないのに、新規事業ばかりやろうとしている」となれば社内の信頼も得られません。

しっかりとやるべきことをやり、成果を出している人材であれば、「あの人がやるなら応援しよう」という環境が整いやすく、結果として事業の成功率を高めます。

まずは実力をつけ、社内で信頼される人材となる。そして、適切な人にアプローチをして、認めてもらい、新規事業を立ち上げる。

そのうえで、**やりきり、成功させる**。そんなプロセスを社内起業を通じて経験できれば、一生ものの財産になると思います。

社内起業のメリット・デメリット

ここまで社内起業の立ち上げ方について述べてきましたが、そもそも社内起業と通常の起業は何が違うのでしょうか？

まずは、社内起業のメリットから説明しましょう。

社内起業の最大のメリットは、**失敗したときのリスクの低さ**です。

自分で起業すれば、事業の成功も失敗もダイレクトに自分に返ってきます。１００％自己資金で起業したものの失敗に終わったとすると、資金の枯渇と無収入のダブルパンチで、生活さえままならない状態になることもあるでしょう。

一方、社内起業はあくまで会社の資金による会社の事業ですから、失敗したからといって給料がもらえなくなるわけではありません。

実際、僕も過去に立ち上げた社内の新規事業のうち、半分以上は失敗しています。それでも僕も他の担当者も解雇されるようなことは当然ありません。

むしろ、新規事業の失敗を糧にして、既存事業の事業長を任せられたり、もう一度別のアイデアで社内起業したりするケースもあります。

このように、**社内起業にはリスクがほぼないにもかかわらず、事業に成功すれば「事業をゼロから立ち上げる」という一生ものの経験ができる**のです。

また、前述したビズアシの奥野さんのように、親会社や本体企業の役員になったり給料がアップしたりと、さまざまな恩恵にあずかれることを期待できます。

会社のアセット（資産）が使える点も、社内起業のメリットです。

自分で起業するとなると、資金的にも時間的にもかなりの先行投資が重荷になりがちです。事業資金を用意する、オフィスを借りる、パソコンを用意する、人を採用するために雇用契約書を作成する、社会保険や税金などの手続きをする……このようなことを1つひとつ解決しなくてはいけません。

しかし、これが社内起業ならば、新規事業として予算をつけてもらえますし、オフィスやパソコンはもう用意されています。

人材採用のことは社内の人事部に、社会保険や税金、経費処理のことは経理部に、といったように会社のスタッフに任せられるので、いろいろとショートカットして事業に集中できます。

一緒に仕事をするメンバーも社内で探せるので、最初から信頼関係がある中でのチームづくりが可能でもあります。

では、社内起業にデメリットはないのかというと、そうではありません。

社内起業の最大のデメリットは、**リターンが小さい（限定的）**ということでしょう。

自分で起業して成功すれば、そのリターンはほぼ起業家のものになります。株価が成長すれば、そのキャピタルゲイン（自社株の成長利益）は自分の金融資産にダイレクトに反映されますし、自分の給料も通常の会社の給与とは異なる水準に引き上げることができます。


しかし、社内起業の場合、新規事業で得た利益は会社の業績になります。事業責任者とはいえ、雇われの身であることに変わりはなく、給与設計は社内の基準に当てはめることになります。

また、通常は自分で起業すれば、自分の考えで新規事業の次なる展開を考えたり、資金調達をして大きな投資を受けたりと、成長戦略を描けます。

これが社内起業となると、自分だけで意思決定することはできず、社内の経営陣と調整が必要になります。場合によっては、会社の事情で本体に戻ることを命じられ、社内起業をした事業からは離れざるを得なくなるケースも出てきます。

社内起業は金銭的な意味ではローリスク・ローリターンである分、事業が立ち上がったあとの自由度は低くなりがちです。

もっとも、そうしたデメリットを差し引いても、社内起業により得られる自己成長は、何にも代えがたい大きなリターンです。その経験を活かして、将来的に会社を飛び出して起業に挑戦してもいいわけですから、社内起業はとてもよい選択肢だと思います。

④転職

最も魅力的な転職先はスタートアップ

続いて、「転職」についてです。

転職を考えるときは、給料が増えることも大切ですが、それより特に若いうちは自分の成長につながり、新たな可能性が拓かれる会社を選ぶことが大切です。

その意味で僕が魅力的だと思うのは、**スタートアップ企業もしくは従業員５００人以下を目安とするベンチャー企業への転職**です。

スタートアップ企業とベンチャー企業は、同じような意味で使われることもありますが、**スタートアップはイノベーションを起こして付加価値の高い事業で急激な成長を目指すのに対し、ベンチャーはより緩やかに成長し、持続性を重視しながら過去に存在した商慣習を踏襲して事業展開すること**を想定しています。

もっとも、立ち上げ数年の小さなベンチャー企業で、これから大きな企業に成長しようという意欲の高い企業をスタートアップと呼ぶこともあります。

いずれにしても、ベンチャー企業とスタートアップ企業は、ともに新たな価値創造を目指し、成長したいと思う人にとっては、魅力的な就職・転職先だと思います。

本書ではスタートアップに記載を統一していますが、ベンチャーも含めたものとしてご理解ください。

僕がスタートアップで働く最大の魅力と感じるのが、**組織や働く人に〝情熱〟がある**ということです。

本書の第1章で、僕が大学生時代に起業家のコミュニティに所属していたメンバーから情熱を得て、それが起業家への道を拓いたことをお伝えしましたが、同じことがスタートアップのオフィスで日々起きています。

スタートアップでは、ビジネスを成長させるという目標に向けて、チームのメンバー同士がアイデアを出し合い、切磋琢磨する環境があり、前向きな空気に満ちているのです。

そのため、大企業にありがちな派閥争い、足を引っ張り合ったりするような風土が比較的少なく、代替案のないまま問題点を指摘して終わりにするという人も少ない傾向があるように感じます。

「どうすれば今起きている問題を解決できるか」
「どうすれば事業が成長するか」

そんなふうに、自分たちの会社を成長させるために、前向きに考える人が多いのがスタートアップの特徴です。

クラウドワークス時代、採用した社員からは、「嫌な人がいない」「足を引っ張る人が本当にいない」と何度も指摘されました。

「私はこれまで大手企業を含めて5社以上を経験してきましたが、こんなに嫌な人がいない会社ははじめてで、正直、こんな会社があるのかと驚かされました」と言われたこともありました。

会社の規模が小さいからこそ、今後の大きな成長を志すスタートアップは、みんなで成長のアイデアを出し合い、積極的に動いていくしかないので、余計なことを考える時間も余裕もないということなのかもしれません（もちろん、例外はありますが、そういう会社こそ離れて転職すべきだと思います）。

情熱的で成長思考の人と一緒に仕事をすれば、それだけで人生の充実度は上がります。しかも前述の通り、今やスタートアップの給料は大企業を追い抜くレベルにまで上昇しており、収入の面でもデメリットがなくなりつつあります。

こうした環境が常識になると、僕の経験からすると、人生は豊かな方向に変わっていきます。

難しい課題にぶつかることも多く、それを乗り越えることは大変ではありますが、本気で仕事をしている人たちに囲まれて成長し、自分も周囲にポジティブな影響を及ぼす。そんなよいスパイラルが生まれるのです。

活況をみせる
スタートアップの採用市場

スタートアップというと、「採用数が少なくて、選び抜かれた少数精鋭が働いている」という印象がないでしょうか。そのため、転職したくても採用されるのは難しいと感じる人がいるようです。

しかし、これは事実ではありません。

スタートアップとひと口にいっても、創業したばかりの会社もあれば、すでに大きな組織になっている会社もあります。

たとえばクラウドワークスの場合、２０２３年度は年間１００人規模の人材採用を宣言していますし、転職支援サイト「ビズリーチ」を運営するビジョナルの社員数は約１８００人と大規模なように、創業15年程度で社員数１０００人を超えるスタートアップは少なくありません。

先に触れたように資金調達額は10年で10倍に膨れ上がっており、スタートアップの数そのものも急増しています。さらに政府は２０２７年までにスタートアップを10万社に増やそうとしているわけですから、今後ますますスタートアップへの転職は珍しいものではなくなってくるでしょう。

今は大企業のほうが、社員数を絞っている時代です。たとえば、みずほフィナンシャルグループは、2026年度までに約1万9000人をリストラする計画を明らかにしていますし、三菱UFJフィナンシャル・グループや三越伊勢丹ホールディングスといった大手も、次々と大規模なリストラ計画を発表しています。

そして、繰り返しますが、**スタートアップの平均給与は上場企業の平均給与を超えている**のです。「大企業を目指すのが正統で、大企業に入れば安泰。スタートアップに入るのは異端で、スタートアップに入るのは危険」というこれまでの価値観とは正反対の現象が起きはじめていることがおわかりいただけるのではないでしょうか。

もちろん、スタートアップに入ったとしても、事業が成長せずにリストラが実施されたり、会社がつぶれてしまったりする可能性はあります。

実際、東京商工リサーチによると、倒産した企業のほとんどは中小企業であり、大企業のほうが存続する可能性は高いと考えられます。

ただし、スタートアップに転職し、その働き方に慣れると、会社に依存しない能力が培われてきます。そして、たとえ勤務先が倒産したとしても、他のフィールドで活躍できる実力が培われます。自分の能力をよりどころにして、何かあれば別の会社に転職したり、自ら起業したりすることも可能になるのです。

企業規模別倒産件数の推移

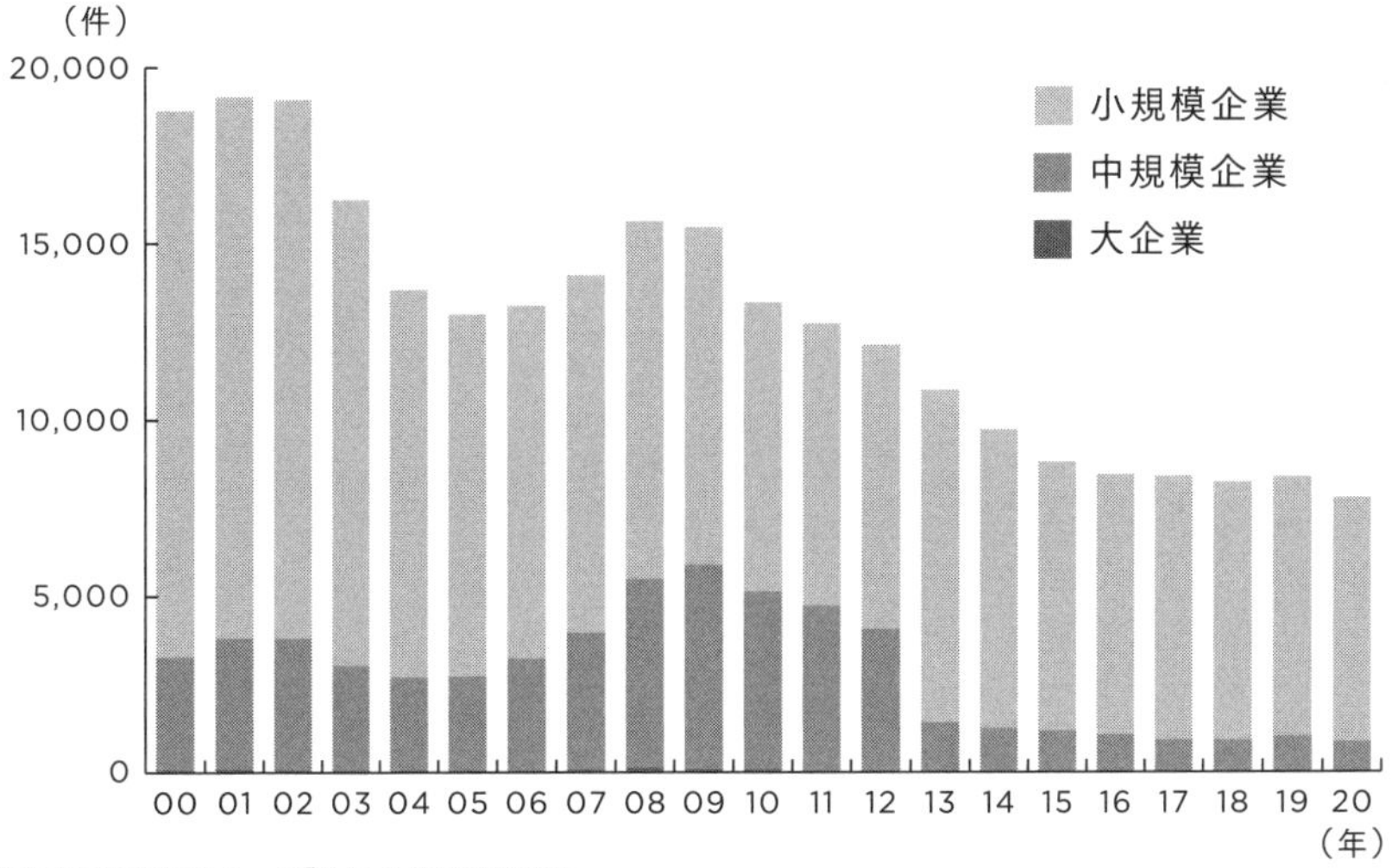

出所）東京商エリサーチ「全国企業倒産状況」
注：1.ここでいう「中規模企業」とは、中小企業基本法上の中小企業のうち、同法上の小規模企業に当てはまらない企業をいう
2.企業規模別の集計については、2000年以降のみ集計を行っている
3.負債総額1,000万円以上の倒産が集計対象

スタートアップからスタートアップへの転職はすでに日常茶飯事であり、スタートアップで力をつけた人材が大企業に就職するケースも、僕はたくさん見てきました。

独立・起業という選択肢もあります。情熱があふれる職場に入り、切磋琢磨して成長することで、人生のオプションも広がっていくのです。

もちろん、スタートアップのみならず、どんな企業であっても安泰ということはありません。安泰のためにもっとも大切なのは、**自分の人生を自分でコントロールする力を身につけること、自立して目標を設定し、行動できる「起業家精神を持つ人」になること**です。

転職を考えている人は、ぜひスタートアップを有力な候補として考えてみてください。

大企業とスタートアップを行き来できる時代

スタートアップの人材流動性はもともと高いですが、最近は大企業とスタートアップの間を行き来するスタイルの転職も増えています。
僕の周りだけ見ても、大手の企業とスタートアップの間でキャリアチェンジをしている人が数多くいます。その一例をあげてみましょう。

――中野渡典子さん
ANA（全日本空輸）でCA（キャビンアテンダント）を務めた後、クラウドワークスに転職。今は米画像加工ソフト大手のアドビで活躍。

――増田恭佑さん
システム大手のワークスアプリケーションズでシステム設計などに携わった後に独立、その後、クラウドワークスで新規事業の立ち上げを担当し、リクルートにプロダクトマネージャーとして転職。

酒井勇輔さん

商社勤務からクラウドワークスに転職。事業責任者として活躍した後、農家や漁師から食材をとり寄せる産地直送のネット通販サイト「食べチョク」を運営するビビッドガーデンに参画し、執行役員に。

こうした事例からわかるように、今は「大手か、スタートアップか」という二者択一のキャリアではなく、個の力があれば価値観やキャリアのステージに応じて活躍するフィールドを変えていけるようになっています。

また、スタートアップとひと口にいってもいろいろな段階があり、創業期のスタートアップと、ある程度成長したスタートアップでは、組織風土も求められる人物像もかなり違いがあるので、そういった視点も大切になってきます。

僕がスタートアップに転職する場合にいい選択肢だと思うのが、**あえて上場したスタートアップ、もしくはそれと同様の規模・ガバナンス体制のあるスタートアップに入る**ということです。

創業期のスタートアップの場合、その事業がモノになるかは予測がつかず、よくも悪くも環境が頻繁に変わります。

事業が伸びなければピボット（転換）して事業モデルを変えようとするし、資金調達の状況によってお金の使い方も採用計画も変わります。

少数精鋭のため、1人ひとりがマルチタスクになりがちで、求められる業務の「幅」も広いです。腰を据えてじっくり仕事をしたい人には、合わないかもしれません。

その点、上場という1つのゴールを達成したスタートアップに入れば、すでに事業は形になっているわけですから、ある程度は落ち着いた環境で仕事ができます。

もちろん、スタートアップ・ベンチャーとしての風土やスピード感は残されていますし、任される業務範囲は比較的わかりやすく、ガバナンス体制も整っているケースが多いので、**スタートアップのよい面だけをいいとこどりで吸収できるというメリットがあります。**

そうした環境を経験したうえで、よりハードな仕事にチャレンジしたいなら、創業期のスタートアップを狙ってもいいでしょう。

もちろん、創業期のスタートアップに入れば、当たるか当たらないかわからない緊張感を味わいながら仕事をすることになりますが、うまくいったときのリターンは大きくなります。

その組織で成果を出せれば、その後のポジションも得やすくなるでしょうし、何より経験という大きな財産が手に入り、その後の人生の選択肢も広がります。

自分が望む働き方に応じて、どのようなスタートアップが合っているかを選択することが望ましいです。

自分と相性のいいスタートアップの見つけ方

転職を考えるとき、待遇や事業内容などをチェックするのはもちろんですが、会社との相性も大事な要素です。

会社は「法人」、つまり「法律上の人」ですから、人格（パーソナリティ）があります。

スタートアップというカテゴリーは同じであっても、体育会系な会社、社員の好奇心を大切にする会社、協力的で家族主義の会社、競争が激しい会社といったように、それぞれ独自のパーソナリティがあります。

自分と会社の相性は、実はものすごく重要なポイントで、相性が合わないと、本人がどれだけ頑張っても力を発揮しにくく、また評価もされにくくなります。

逆に自分と会社の相性がバッチリ合うと、自分が思っている以上のパフォーマンスをあげられたり、自分が想像もしていなかった機会に巡り合ったりすることもあります。

相性を見極めるためには、自分自身と会社のパーソナリティを理解しなくてはいけません。

自分自身を理解する方法としては、「**FFS理論**」「**ストレングス・ファインダー**」「**エニアグラム**」といった自己分析の手法があります。

参考文献

FFS理論

「凝縮性」「受容性」「弁別性」「拡散性」「保全性」と5つの因子で自分の「強み」を知り、他人の個性を理解して強いチームをつくり上げる

『宇宙兄弟とFFS理論が教えてくれる あなたの知らないあなたの強み』（日経BP）

ストレングス・ファインダー

「才能診断ツール」ともいわれる米ギャラップ社が開発したオンラインツールであり、ネット上で177の質問に答えることにより、自分の才能や強みを発見することができるというもの

『さあ、才能（じぶん）に目覚めよう ストレングス・ファインダー2・0』（日本経済新聞出版）

エニアグラム

9つの点を持つ円周と、点と点を結ぶ9つの線によって構成される図を応用して、人の性格を9つに分類した性格類型で、自分のビジネスの適性を調べる

『エニアグラム【基礎編】自分を知る9つのタイプ』(KADOKAWA)

また、シンプルに自分の性格や好き嫌いを言語化してみるのも良い手です。

- **どんな人と働いているときが楽しかったか?**
- **自分はどんな会話をしているときが楽しいか?**
- **これまで部活やプライベートではどんな環境ですごしてきたか?**
- **どんな環境で一番ストレスなくパフォーマンスが上がったか?**

こんな感じで人生を振り返り、言語化してみるのです。

転職や就職を1つのきっかけに、まずは自分を知ることができれば、仕事以外のことでも人生を豊かにできる可能性が広がります。

また、会社を理解するときには、その会社のホームページをチェックするのはもちろんのこと、社長や役員、従業員と直接話してみることも大事です。

面接などで話をする機会があったら、違和感を覚えた部分について、勇気を出して質問をしてみてください。相手の話をうのみにするのではなく、言葉の本気度を推し量り、ときにはしつこいくらいに疑り深く聞いてみましょう。

・会社にはどういうメンバーがいて、どんな人が活躍しているか？
・その面接官（社長や役員、部門長など）は自分の会社をどんな会社だと思うか？

在籍する人のタイプや年齢層、社内での会話の内容なども、できる限り広範囲に調べ尽くすこと。その会社のパーソナリティが自分のパーソナリティとマッチしているか、深掘りしてみるのです。そのプロセスを通じて、その会社で働くことが自分の人生にとって前向きなことであり、自分が会社から求められていると認識できれば、それは転職先としてふさわしいということになります。

一方で、転職に際して、気負いすぎても成果は出にくいと感じます。その1社で、その後の人生がすべて決まってしまうことなどあり得ません。もし入社した後に相性が悪いと気づいたなら、また次の転職を考えればいいだけのことです。

もちろん、「なんだかうまくいかないから辞めよう」と安易に考えて転職を繰り返すのはよくありません。いわゆる「ジョブホッパー」と認定されて、次の転職にも不利になります。

就職・転職するときは、「ここなら新しい事業を立ち上げられる」「起業のスキルを身につけられる」といった自分なりの仮説を持ちましょう。

入社して働いてみた結果、仮説を実現できなかったのであれば原因を探り、仮説を検証するといいです。

そこでもし自分自身に原因があると気づいたなら、改善し、自分が得たいと思っていた環境を手に入れ、成長していくべきです。その原因が会社にあり、自分の力ではどうしようもないと理解できたなら、転職すればいいのです。

僕は失敗すること自体は問題ではないと思っています。問題は、失敗したという事実から目をそむけて、自分の仮説を検証しないことです。

就職・転職がうまくいかなかった場合でも、自分の失敗を見つめ、原因を分析し、次なる仮説を持っている人材であれば、未来にまたチャンスが舞い込みます。

失敗を認めたうえで、次のアクションにつなげていくことが重要です。

カルチャーショックを乗り越えよ

大企業からスタートアップに転職する人は、その文化の違いに少なからず驚くと思います。前述の通り、大企業からスタートアップに転職すること自体は珍しくなくなってきているものの、働くこと自体の意識変化が求められることは確かです。

大企業の場合、社長の顔をみるのは年頭挨拶だけといったこともあり得ますが、スタートアップは経営者と社員の距離が近く、経営陣と新人が直接話す機会も数多くあります。

仕事のやり方やスピード感もかなり違っていて、スタートアップではマルチタスクが当たり前。仕事の内容も事業環境や競合環境によって、朝に言ったことが夕方には変わる朝令暮改で頻繁に変わるのが当たり前。環境の変化に、柔軟に対応しなくてはいけません。

また、**何事においても指示待ちではなく、自分で考えて仕事を進めるのが基本**です。

パソコンやスマホの使い方1つでも、カルチャーやスキルの違いがあると思います。

たとえば大企業に勤めていた人は〝メール文化〟に慣れており、スラックやチャットワークなどの普段の業務のやりとりに使用するビジネスチャットツールを使ったことがないという人も少なくありません。

スタートアップではチャットによるやりとりが常識であり、即レスは当たり前ですから、メール文化の環境にいた人は、スピードや情報量に圧倒されるはずです。

チャットだけでどんどん意思決定して、メンバーが集められ、すぐにプロジェクトが動いていくので、不慣れな人は「ちょっと待って……」と慌てることになるでしょう。

大企業では大人数での会議で意思決定がなされるのが普通かもしれませんが、スタートアップは違います。それぞれの責任者がどんどん意思決定していき、オンライン通話やチャット、クラウドツールを使ってプロジェクトを管理するスタイルなので、仕事のスピード感がまったく違うのです。

また、**特定の仕事だけでなく、マルチタスクで働くこともスタートアップでは重視されます。**

あるとき、大企業から転職してきた人に資料作成をお願いしたのですが、「自分で作ったことがない」と言われて驚いたことがあります。

転職前までは資料作りは部下任せで、それをチェックするだけだったというのです。

でもスタートアップで戦力として働くからには、こうした仕事もひと通り自分でこなせなくてはなりません。

はじめてのことに戸惑うのは当然ですが、貪欲に新しいことを学び、仕事の幅を広げていく姿勢が求められます。

こうしたカルチャーの違いの話をすると、「大手しか経験していない自分には無理」と思う人もいるかもしれませんが、そう結論づけるのは早すぎます。

僕の周りの人材でも、スタートアップに入り数カ月、1年と働けば、自然と影響されて仕事の基準が変わっていくことを実感している人が多いです。

スタートアップで仕事を経験し、生産性の高い仕事ができるようになれば、自立的に行動し、さまざまな企業との仕事が、より効率的になっていきます。

そこまでいけば、転職する前よりも自信がつき、どこでも働ける人材に近づいているでしょう。

スタートアップに向く人、向かない人

今まで僕が見てきて、スタートアップで活躍できる人には、3つの共通点があります。

それは、**「目的意識が明確」「好奇心が強い」「変化を楽しんでいる」**ということです。

自分はこういう生き方をしたい、こんな人と働きたい、世の中に貢献したい。こういう目的意識が強い人材ほど、スタートアップの環境が向いています。

逆に、**「自分がない人」「指示待ち族」のような受け身体質な人は、スタートアップでは活躍しにくい**です。

もっとも、これはスタートアップに限らないことで、今の時代、言われたことをきちんとやるだけの指示待ち族では、まったく評価されませんから、目的意識はどこで仕事をするとしても求められます。

しかし、スタートアップで働く場合、特に「新しいことにチャレンジしたい」「新しいことを吸収したい」という好奇心が重要になります。

自分より年齢が若い人と仕事をする場面は少なくありませんが、そこで今までの常識と異なることに直面しても、スポンジのように吸収しながら対応・行動できる人は、どの組織でも活躍できると思います。

実際、新卒で商社に勤めた後、29歳でクラウドワークスに転職してきた人がいますが、彼は営業の仕事からスタートして、マネージャーや事業部長を任されるほど出世しました。

スタートアップへの転職というと、「年齢」のことを気にする人が少なくありません。しかし、目的意識と好奇心、そして変化を楽しむ心があれば、年齢はあまり気にしなくていいと思います。30代後半や40代で転職し、そのまま役員になった人材もいます。

このような成功例はいくらでもあるので、もっとエキサイティングな環境でチャレンジしたい人は、ぜひスタートアップへの転職を視野に入れてみてください。

自分で情報収集して、行動に移し、価値を生み出していける人であれば、スタートアップに入ることがキャリアを切り拓くきっかけになり得ます。

どういうキャリアであっても、**自分で納得して選んだことなら、それが正解**です。ここでも起業家精神を活かし、自ら主体的に選びとっていきましょう。

⑤ スタートアップ起業

高難度だが夢がある

ここまでにお伝えしてきた①副業、②独立、③社内起業、④転職に比べて、はるかに難易度が高いのが、⑤スタートアップ起業です。

スタートアップ起業の最上級のイメージは、将来のGAFAMやテスラなどの世界的企業に育て上げるというものです。

日本でいえば、ソフトバンク、楽天、ヤフーやLINE、ZOZO、近年ならメルカリ、マネーフォワード、クラウドワークスなどが、このスタートアップ起業に当てはまります。

ここまでいくと、当然ながらハードルは極めて高いことがおわかりいただけるかと思います。

このスタイルの起業をする場合は、株式市場に上場させたり、上場企業に会社を売却したりするといったことが1つのゴールになってきます。

このゴールを「出口」という意味で「**EXIT（イグジット）**」と呼びます。

スタートアップは、今までにない付加価値の高いプロダクトを生み出すことで、〝圧倒的成長〟を目指します。

通常の中小企業やフリーランスでは、毎年成長するかどうかは、そのときの仕事の状況によって変化するので、特に事業計画のような目標を掲げていないケースも多いです。

一方、スタートアップの場合、5年で10億円、10年で100億円など、具体的に高い売上高目標を設定し、逆算的に急速な成長を目指します。

スタートアップを立ち上げ、いずれ株式上場を目指すのであれば、**ゴーイングコンサーン（継続企業の前提）**、つまり企業の永続的成長を掲げて何十年という時間軸で経営にとり組んでいくことになります。

そのためには、人材育成や経営の承継といった責任も果たしていく必要があります。

急速に成長するためには、多額の先行投資が必要になりますから、多くの場合、スタートアップは創業初期から数千万から億単位の資金を調達します。

そうして得た資金を使って組織を拡大しながら、急ピッチで社会に必要なプロダクトを浸透させていきます。資金の出し手は、多くの場合、ＶＣ（ベンチャーキャピタル）です。

スタートアップは数十億円規模の資金調達もざらにありますが、裏を返せば、スタートアップのビジネスの立ち上げには、それだけ資金が必要であるということでもあります。

今までにないプロダクトを生み出し、過去に前例のないペースで成長しようとするわけですから、まずはプロダクトの開発段階で多額の資金が必要なケースがあるのです。

また、成長のために先行投資して人員を採用したり、広告投資を拡大したりするため、事業の立ち上げ段階で大きな赤字となるケースが多くなります。

赤字でも事業を続けるには、倒産しないだけの運転資金となるキャッシュ（現金）が必要です。また、先行投資が大きなビジネスであれば、成長すればするほど赤字が大きくなり、資金不足になるケースもあります。つまり、次の資金を調達する必要が出てくるわけです。


たとえば、創業のタイミングで3億円を調達できたとしましょう。

最初は、その3億円を使って人を雇ったり、プロダクトを開発したりして、ユーザー数など**KPI（Key Performance Indicator：重要業績評価指標）**を伸ばしていきます。

このフェーズは、会社としてはまだマネタイズ（収益化）が十分に進んでおらず、ユーザー数に比べて売上高が小さく、赤字が続いているケースも多いです。

この場合、将来的にマネタイズに成功し、広告宣伝費をかけなくともユーザーが集まるようになれば、一気に大きな利益が得られるようになります。


ＶＣなどの投資家は、この将来の大幅な利益に期待し、会社の時価総額を計算したうえで投資額を決定します。

将来的に大きな時価総額へと成長すれば、投資した分の資金を大幅に上回るリターンを得られるため、その確率が高いと考えるスタートアップに投資するわけです。

投資を受けたスタートアップが事業を成長させれば、会社の時価総額が上がっていくため、さらに多くの資金調達ができるようになります。

ごく単純化して説明すると、このような好循環を繰り返して、会社を成長させていくのです。

起業家は、適切な資金調達をすることで、短期の赤字よりも急成長を優先したり、マネタイズよりもユーザー数の増加に注力したりすることが可能となり、成長を加速し、ビジネスを大型化できるというわけです。

圧倒的成長を生み出す圧倒的な付加価値

スタートアップは、圧倒的成長を実現するために、**すでに市場にあるものよりも圧倒的に付加価値の高いプロダクトを生むことにチャレンジ**します。

すでにあるプロダクトよりも何倍も便利、何倍も面白いという価値を創出するのです。今までにない技術や発想で勝負することになる分、不確実性があります。

スタートアップの成功の難易度が高いのは、このためです。

成功するために必要なのは、消費者が求める付加価値の高いプロダクトを投入するセンスや経験。

そして、その不確実性を受け入れ、赤字が続く状況や急成長にともなう〝成長痛〟にも耐えられる胆力が求められます。

僕が学生起業でアトコレを立ち上げたものの、お金の不安から志半ばで撤退してしまった話をしましたが、そうした状況を乗り越えなければ、スタートアップを成功させることはできません。

日本のスタートアップの成功例の最たるものとされるメルカリも、毎年のように100億円前後の赤字を出しながら、時価総額約5200億円（2023年8月時点）まで成長してきました。

巨額の資金を先行投資しながら、圧倒的なスピードで成長を果たすことこそがスタートアップの使命なのです。

このスタートアップの世界に身を置いてきた1人として、「**スタートアップは大変だけど、本当にエキサイティングだ**」という実感を得ています。

お伝えしてきた通り、世の中にすでにあるプロダクトよりも付加価値が高いもの、消費者が「欲しい！」と思えるようなものを作り、世に問い、多額の資金を投入して圧倒的成長を目指す。

その過程で組織が拡大し、だからこそぶつかる難局もあります。

たとえば、ビジネスの仮説が外れてしまう、資金が尽きてしまう、重要人物が抜ける、競合他社が登場する、などといった問題はよく起きます。

こうした問題に直面し、事業から撤退せざるを得なくなる可能性は常にあります。でも、だからこそ、それを乗り越えれば大きなリターンを得られるのです。

ここでいうリターンは、経済的なリターンはもちろん、ゼロから自分たちで何かをつくり上げたという経験の充実感も含みます。社会でまだ解決されていない課題を解決するというチャレンジは、必ずや自分の人生の大きな財産になるでしょう。

簡単ではないのですが、**スケールの大きなチャレンジができるということがスタートアップを立ち上げる大きな魅力です。**

前述した通り、このスタートアップこそが、これからの日本という国全体のビッグテーマになります。年間10兆円をスタートアップに投資し、10万社つくり、ユニコーン企業を100社つくると、政府が宣言しているのです。

起業についての教育を学校教育にとり入れ、日本と海外の架け橋となるような投資家もどんどん増やしていく。これは日本人の起業家精神が、芽吹く大きなチャンスです。

10代、20代の若い世代は、スタートアップ起業も視野に入れ、学業やキャリアの選択をしてほしいと思います。

いきなり起業する必要はありません。まず企業に就職して、副業をしたり社内起業をしたりしながら自分でビジネスを展開するきっかけづくりをし、場合によってはスタートアップに転職して経験を積み、スタートアップを起業するのもいいでしょう。

僕のように学生時代に起業して失敗したり、スタートアップ企業に就職したりするのも、いい経験だと思います。

キャリアやタイミングは自分次第ですが、いずれにしてもスタートアップという存在をしっかり認識し、人生の選択肢に加えていただきたいと思います。

スタートアップ起業の成功者は中高年が多い

僕は、特に若い人には、スタートアップへの就職や起業をおすすめしたいのですが、だからといって年齢を重ねた人が起業すべきではないなどと考えているわけではありません。むしろ逆です。

シリコンバレーの投資家が、トップ0・1%の成長率を実現した成功企業について、創業者の創業時年齢を調査したデータがあります。

それによると、**創業社長の創業時平均年齢は45歳。40～59歳の創業者が、最も成長企業をつくり出しているという意外な結果**が出てきました。

スタートアップ起業というと、フェイスブック（現・メタ）のマーク・ザッカーバーグやマイクロソフトのビル・ゲイツのような、10代や20代前半で創業した若い学生起業家をイメージしがちですが、起業大国の米国においても、これは「外れ値」です。

スタートアップ創業者の創業時年齢
高成長スタートアップを創業した人の創業時平均年齢は45歳

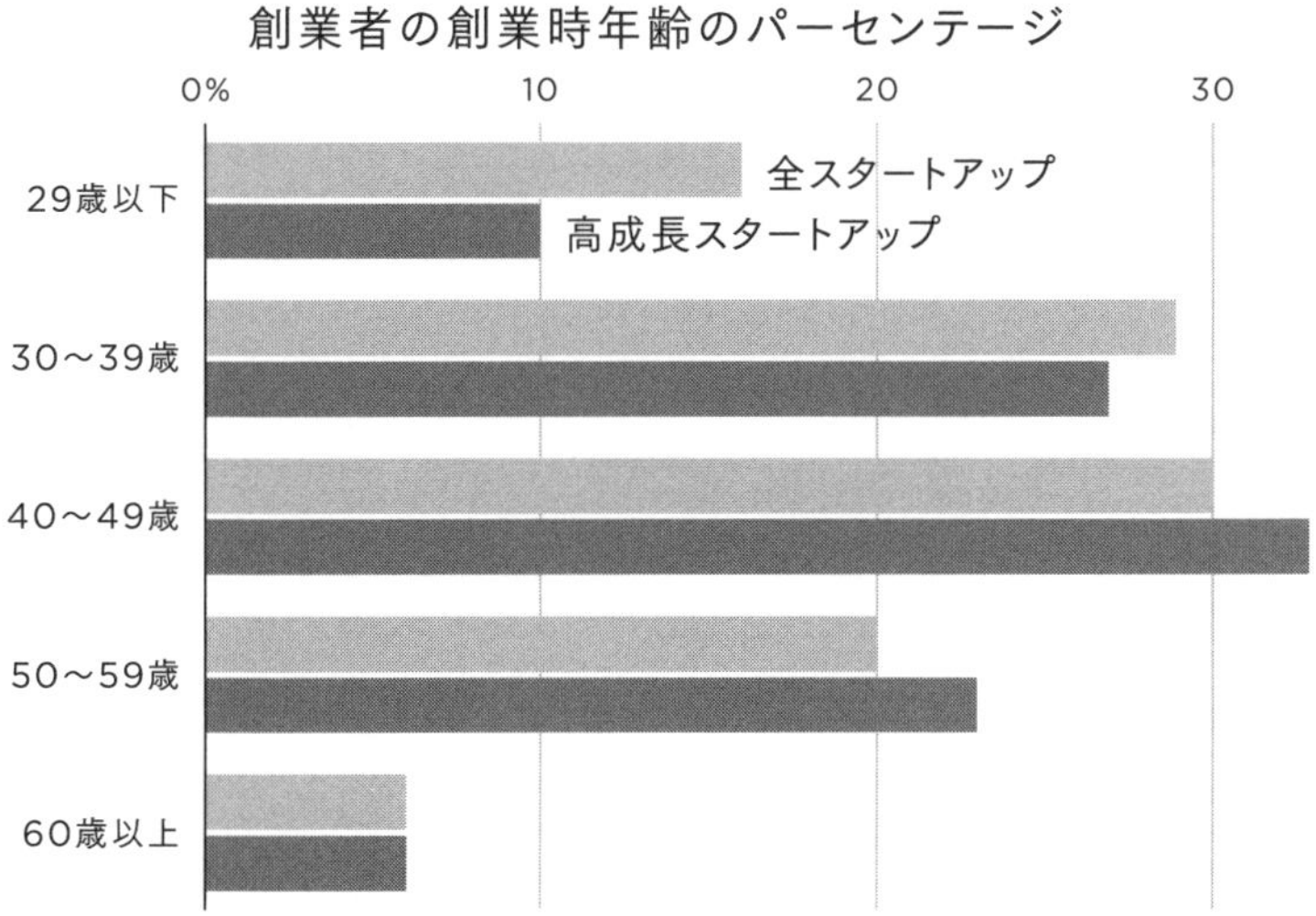

Note:The top 0.1% of startups by glowth are considered "highest-grouth." Source:"age and High-Glowth Entrepreneurship," by Pierre Azoulay et al., NBER,April 2018

ザッカーバーグやゲイツは極めて例外的なケースで、**実は中高年起業のほうが成功する確率は高い**のです。

　これは考えてみれば当然です。業界での知見やネットワークもあり、資金調達能力も高く、ビジネススキルや経験も豊富な状態からスタートしたほうが、何もわからない若者よりも成功する確率は上がるに決まっています。

　体力面では若い人より不利かもしれませんが、それを補ってあまりある経験というものが存分に活かされるのです。

　日本でもスタートアップの創業者の創業時年齢を見ると、若い成功者もたくさんいますが、**メルカリの山田進太郎さんは35歳、クラウドワークスの吉田浩一郎さんが37歳、マネーフォワードの辻庸介さんが37歳**と、ある程度の年齢になってから起業しているケースも多いです。

「起業は若い人がするもの」「早くに成功しないと間に合わない」といった考えは幻想です。中高年世代も十分にチャンスがある。むしろ、そのほうが成功確率は高いのです。

誰から言われたとか、周りがどうとか、そういうことに左右されずに、目標を自分の中で決めて一歩を踏み出す。そういう自分軸で生きることが、どんな年齢になっても、いい人生を送るうえで大切です。

ただし、自分が置かれている状況を冷静に見定めることも大事ではあります。子育てや介護、住宅ローンなどを抱えて、大きなリスクを背負えないという状況もあるでしょう。

個々の状況に合わせて、適切な挑戦のタイミングや方法を探ることも重要です。

いずれにしても、焦る必要はありません。僕の周りにも、子育てがひと段落してから起業した人や、会社員として社会人経験を積んでから起業した人はいます。

そうした経験も起業するときには活きるものです。子育てを経験したから浮かんだアイデアを商品化する。子育て中に培った人的ネットワークを使ってビジネスにする。

シニアにはシニアだからこそできるビジネスチャンスに目を向けることが、成功への近道です。

学生起業は超ローリスク・ハイリターン

中高年世代のスタートアップの成功確率の話をしましたが、学生起業についても話しておきたいと思います。

僕は大学2年生のときに起業しましたが、**今の時代であれば高校生から挑戦してもいい**と思います。それくらい、起業のハードルは下がっているし、可能性も広がってきています。

若いうちの起業をおすすめする理由は、超ローリスクでありながらハイリターンだからです。

ハイリターンであることは、これまでに書いてきた通りです。当然ながら事業が成功すれば利益の一部を自分や社員の報酬にできますし、もしも自分が起業した会社を株式上場や売却までもっていくことができれば、若くして軽く億を超える資産を築くこともできます。

金銭的なハイリターンだけではなく、起業家としての経験値を積むことで、目標を設定し、仮説を立てて行動する姿勢が身につくことも大きなリターンです。

いつまでにいくつ案件を獲得するか、どういうレベルの会社に成長させるか、どんなサービスをつくり出すのか、そういったことを日々考えるようになると、普段の時間の使い方が変わります。**何より、会社を自分で動かす経験をすることで、株式会社、資本主義、そしてお金の流れや消費者の心理など、僕たちが生きている社会全体のメカニズムを体感し、学ぶことができます。**

一方で、若いうちの起業が超ローリスクである理由は、失敗しても大きな痛手にならないことにあります。

起業に挑戦するということは、スタートアップのエコシステム（生態系）に入るということであり、さまざまな起業家や投資家とのネットワークを手に入れることができます。同世代の意欲的な若者にも出会えるでしょう。

仮に失敗したとしても、ビジネスに挑戦したという事実が評価され、他のスタートアップに就職して、新たな挑戦に進むこともできます。

僕がかつて学生起業に失敗してから多くの企業から声をかけていただき、リクルートやアクセンチュアの内定も得たように、働ける場所は無限にあるのです。

学生起業に失敗した頃、僕は何も成し遂げられていないと落ち込みましたし、その先で成功できる自信もありませんでした。

それでも、あの学生起業時代のイベントでの出会いをきっかけに、結果的にクラウドワークスの吉田さんに声をかけていただき、今があります。

もし学生起業にチャレンジしていなかったら、あのような出会いはなかったでしょうし、まったく違う人生を歩んでいたはずです。

若い人が起業に挑戦するときは不安を感じるかもしれませんが、そこを乗り越えて行動に移せば、確実にチャンスが巡ってきます。

もちろん、不安の中で、精神を病んだり、体を壊したりすることもあり得るので、その場合は自分の状態を見て撤退の判断をすべきです。

しかし、失敗をネガティブな烙印《らくいん》としてではなく、貴重な経験に切り替えていくことで、より安定的なメンタルが手に入ります。そして、その安定的なメンタルの中で挑戦を続けていると、意外なほどチャンスと幸運は舞い込んでくるものです。僕自身の実体験からも、そう思います。

起業プランを立てるときの3つの着眼点

起業のアイデアは無限大です。100社あれば100通りのビジネスがあるので、学校のテストのように唯一絶対の正解などありません。

しかしながら、自由度が高すぎても、かえってアイデアを絞るのが難しく、前に進めないケースもあります（まさに自分がそうでした）。特に、まだ社会経験の少ない10代後半から20代の学生の場合、ビジネスの経験がないことから、何を最初の手がかりにしたらいいかわからないかもしれません。

そうした若い世代が起業する場合、次の3つのポイントを押さえておくことが大事です。

①「大人」が理解できない分野で勝負する
②行動力で勝てる領域を選ぶ
③注目されていない市場で戦う

それぞれ順番に説明していきましょう。

①「大人」が理解できない分野で勝負する

起業もある種の競争・戦いです。限られた市場で、ある程度の品質のプロダクトを投入し、消費者から支持を得なければ、売り上げも利益も得られません。

競争や戦いは、やればやるほど負ける確率が上がります。ましてや若者の起業の場合、まともにぶつかれば、経験や資金の面で上回る大人のスタートアップに、負ける可能性が高いです。

そこで考えたいのが、**若者ならではの強みを武器にすること。**大人では理解しにくい分野で勝負するのです。言い方を変えるなら、**若者だからこそ理解できることで勝負する**のです。

いつの時代も情報感度は若者のほうが高いものです。今はテクノロジーの進化がとても早く、そうした分野での新しい価値は、若者のほうが気づきを得やすくなっています。

大人たちがまだ注目していない領域は、大手資本が参入するにはニッチ（隙間）であることもあり、ビジネスのチャンスが眠っています。

たとえばフェイスブックは、もともとハーバードなど米名門大学の学生の間でスタートしたサービスです。学生のコミュニティ内でサイトを立ち上げることで、大人たちが入ってこられない参入障壁を築きました。

また、ビットコインなどの暗号資産（仮想通貨）やその基盤技術であるブロックチェーン（分散型台帳）も、一部の熱狂的な若者によって市場が勃興しました。

ビジネスにつながるネットの情報は、海外の一次情報も多く、日本ではまだ一般向けに情報が翻訳されていないこともしばしばあります。

この領域で仮想通貨の情報を届けるメディアをつくることで、成功をつかみとるといったアプローチもあります。ティックトックやインスタグラム、ユーチューブなどのサービスを軸にビジネスを考えれば、インフルエンサーを束ねてマーケティング支援をする会社をつくるとか、バーチャルユーチューバーを作ってファン向けにビジネスをするとか、そういったアイデアも思いつきます。

おそらく30代の僕は知らないけれど、10代、20代の間ではやっているサービスも、次々と出てきているはずです。僕たちのような大人が気づかない、理解できない領域を狙うというのは、若者ならではの特権です。

② 行動力で勝てる領域を選ぶ

若い人の体力や行動力を武器にするアプローチもあります。

起業すると、体力勝負になる場面は少なくありませんし、いかに早く、粘り強く行動できるかが成否を分ける場面は多いです。

たとえば、ネット回線を営業する事業を考えたとすると、ここでの**競争優位性は行動力**です。特に製品上の優位性もないので、あとはどれだけ行動するかが成否の鍵を握ります。

人材紹介のマッチングサービスを考えたとすれば、欲しい人材像はある程度決まっているので、あとはいかに早く集め、早く紹介するかが重要になります。このオペレーションの強度を上げれば、ある程度のビジネスに進化していきます。

世の中に多数の人材系企業が乱立していて、勝者は1社ではなく、多数の企業で市場を分け合っているのは、このような背景があるからです。

よく知られているように、人材系企業で国内トップのリクルートも、最初は東大の学生が立ち上げた学生起業の会社です。そして、新卒領域の人材事業からスタートしています。

リクルートが創業時にやっていたことは、東大を中心に優秀な人材を集め、その人材が欲しい企業を集め、マッチングすることでした。

このマッチングモデルで、初期のビジネスを立ち上げ、その後、中途人材、アルバイト求人、人材派遣と、人材事業の領域を拡大することに成功しました。

若い世代が起業する場合、人材系企業のように**行動力やオペレーションの強度で勝負できる領域を選ぶ**というのも、また有効なアプローチなのです。

③ 注目されていない市場で戦う

僕がアトコレを立ち上げたときは、「アートは儲からなそう」という点にビジネスチャンスを感じました。逆説的ですが、**儲からないがゆえに参入する企業が少なく、競争も少ない**のです。だからこそ、**勝てれば1人勝ち**になります。この考え方は今でも間違えていないと思っています。

たとえばレシピサイトの「クックパッド」も、今でこそ認知度が高く、数多くのユーザーを抱えていますが、一見するとあまり儲からなそうなビジネスモデルです。

「レシピの投稿を誰がするの?」「マネタイズはどうするの?」といった理屈を並べると、障壁が高そうなビジネスにも思えてきますが、実際のところクックパッドはサイトを立ち上げてから口コミで少しずつ投稿数を増やし、何年もかけてユーザー数を増やしてきました。

その間はサーバー代を稼ぐのがやっとの状態だったようですが、レシピ数やユーザー数が増えたタイミングで、広告事業を立ち上げ、マネタイズに成功。その後、有料会員機能を投入することで、他社が追随できないビジネスモデルを作り上げたという経緯があります。

「儲かりそう」と思われるような注目度の高い領域は競合が多く、難易度が上がりがちです。

たとえば、少し前に盛り上がったＱＲコード決済ビジネス。ソフトバンクグループが巨大資本で参入したことが話題になりましたが、いくら儲かりそうだといっても、このような領域で資金力や人的リソースが圧倒的に足りないスタートアップが勝つのは難しいです。

スマホゲームなども当たれば大きいですが、ゲームをリリースするまでにはかなりの資本が必要です。

人が注目していない領域に気づくには、自分の個人的な興味が手がかりになります。アトコレも、僕が高校時代に毎週のように美術館に通っていなければ思いつかなかったでしょう。

個人に内在する興味・関心は顧客や市場の解像度を高める強みになります。その強みを活かして収益化に成功すれば、唯一無二のサービスになる可能性が広がっていきます。

案外、世の中には、まだビジネス化していないことが多くあります。

普段の生活の中にもヒントがあふれているので、まずは起業家になったつもりで、ビジネスのアイデアを探してみることからはじめてみるのもいいでしょう。

まずは「自己資金＋借金」でスタート

実際に起業をするには、事業資金をどう調達するかを考えなくてはいけません。このとき、次の順番で必要な資金を確保するのが基本になります。

優先順位①　自己資金
優先順位②　知人や金融機関からの融資（借金）
優先順位③　ＶＣ（ベンチャーキャピタル）からの株式による資金調達

僕は、ビジネスを立ち上げる資金には**〝色がある〟**と思っています。

自己資金が最初にくることはイメージしやすいと思うのですが、借金と株式による資金調達のどちらがいいのか、その理由を含めてはっきり理解しておく必要があります。

自己資金による起業は一番シンプルな方法であり、スモールビジネスであれスタートアップ起業であれ、まずは可能な範囲で自己資金を貯める必要があります。

自己資金のメリットは、**返済などのプレッシャーがない**こと。自分のペースでじっくりビジネスをやりたい人は、自己資金をベースにして、少しずつ事業を育てるやり方がいいです。たとえば1年間全力でアルバイトをして100万円貯めて、学生起業に挑戦するといった形であれば、無理がありません。

そういう意味では、節約も大事です。僕は幼少期の体験から節約生活には慣れていましたから、学生起業をしたときもメンバーと一緒に毎日、白菜と小さな鶏肉だけで鍋料理をつくって食べていました。

自己資金の次に考えたいのが**融資（借金）**です。

まずは自己資金ではじめることを優先させたとしても、プロダクトを開発したり、追加で人員を採用したりする場合、最初に用意した自己資金では足りないケースが出てきます。

事業展開のスピードを上げるために、もっと資金が欲しいという気持ちも出てくるでしょう。

このような場合、**借金を検討すべきというのが僕のスタンス**です。株式による資金調達は、上場や会社の売却などを前提にした契約がほとんどなので、それだけ将来のリターンに対する期待値が高くなります。

一方で借金は、元本と金利を支払えばいいお金であり、借り手が負担するコストは金利分のみです。このようにお金を借りた人が、お金を貸した人に対して負担する費用を「資本コスト」と呼びますが、借金は資本コストがわかりやすいです。

資金調達をしたことがない人は、「融資による資金調達も株式による資金調達も、どちらも同じお金の調達」と思いがちですが、お金には **〝見えないコスト〟** があります。

ビジネスとして大きなリターンを得られるかわからないタイミングで、株式による資金調達をすると、不確実な事業に対して資本コストを払うことになります。

ここでいう資本コストとは、「投資家が将来的に期待するリターン」ですが、それを超えられない場合、その資本コストは会社運営に重くのしかかってきます。

また、株式を発行することで資金を調達する方法には、株式の一部を投資家に渡すことによるデメリットがあります。

たとえば、最初は自分が１００％オーナー株主として会社を設立したとしましょう。その後、資金調達をするために20％の株式発行をした場合、自分の持ち株比率は80％に下がります。

そうすれば、会社の全株式を10億円で売却（もしくは上場）したとしても、自分のリターンは8億円になりなります。１００％オーナーのままであれば10億円のリターンを手にすることができますが、株式を発行したためにリターンが小さくなってしまうわけです。

このような株式発行による影響を、**ダイリューション（株式利益の希薄化）**といいます。

株式利益の希薄化をしてでも資金を調達したいというケースはもちろんあるのですが、創業初期の段階で、数千万円くらいの資金が必要な場面であれば、まずは融資を受けることを検討するのが定石なのです。

最近では、銀行以外にも、政府系金融機関の日本政策金融公庫などが創業期に特化した融資制度を展開しており、創業期のために事業の実績がない場合でも、事業計画書などを提出して審査に通れば資金を借りられる環境も整っています。

そもそも、可能であれば、親や親戚からお金を借りてもいいでしょう。自分の事業について説明してお金を出してもらえるように説得する力は、次のステップであるＶＣからの資金調達の際にも求められます。

このように借金する方法に加え、ビジネスプランコンテストに出場して入賞し、賞金の獲得を狙うのも１つの手です。

起業プランをプレゼンテーションして審査を受けるコンテストなら、事業プランに対するアドバイスも得られるので一石二鳥です。審査員の先輩起業家や自分と同じように起業を目指している人たちと人間関係を築く場にもなるので、おすすめの手段です。

さらに、近年は行政や公的機関からの助成金も得られるケースが増えています。創業助成金に加えて、ものづくり補助金やＩＴ導入補助金など、ジャンルによってさまざまな助成制度があるので、「**創業助成金　東京都**」などのキーワードでネット検索してみるといいでしょう。

資金を得てビジネスの初期段階を軌道に載せ、どんどん収益力をつけて、いずれ上場や会社の売却などイグジットが期待できる段階になったら、次はＶＣなどから株式によって資金調達をし、成長を飛躍的に加速させていくフェーズに入ります。

VCから億単位の資金調達も可能

第2章で説明したようにスタートアップの資金調達環境はかなりよくなっており、この10～20年の間にスタートアップ起業という選択が日本でも普及してきています。

多額の初期資本が必要な事業や、短期間で急成長させる事業であっても、以前よりかなりはじめやすい環境が整ってきています。

起業家の能力やビジネスモデル次第で、VCから株式による資金調達をして、お金というガソリンで速く車（会社）を進められる時代になってきているのです。

借金の場合、創業融資なら数百万～1000万円程度が一般的です。日本政策金融公庫のデータによると、**創業融資の平均額は800万～900万円程度となっていて、見込まれる月商の3カ月分程度を借りるのが限度**となっています。

銀行などの金融機関からの融資は、100社あったら100社から、元本と金利を返済してもらうビジネスモデルです。

金融機関からすると、融資先1社当たりのリターン（金利）は小さいのですが、数多くの融資先から広く確実に返済してもらうことでビジネスとして成り立っています。

そのため、基本的には「確実に返済してもらえると見込める金額」しか貸してくれません。したがって、創業間もないスタートアップに億単位を融資することは、現実的には不可能なのです。

また、借金には返済期日があり、その日までに金利をつけて返済しなくてはいけません。しばらくの間、赤字経営を続けながら積極的に先行投資をするスタートアップの場合、返済計画を立てにくい場合もあります。

一方、VCからの株式による資金調達については、創業期でも億単位の資金を得ることが可能で、しかも借金のように返済する必要はありません。

なぜそんなことが可能になるのかというと、銀行とVCはビジネスモデルが根本的に異なるからです。

VCは多数の未上場のスタートアップに出資し、その代わりに株式を取得します。その後、株主として経営をサポートしつつ、出資先のスタートアップが上場したり、大きな会社に売却したりすることに成功すれば、株価の値上がりによって莫大な利益を得ます。

VCのビジネスモデルは、**100社のうち97社がつぶれたとしても、残った3社の成功によって1万倍のリターンを得ることも可能**というものです。

そのため、銀行よりも大きなリスクをとることができ、創業間もないスタートアップであっても億単位の出資ができるというわけです。

こうした違いがあるので、融資とＶＣからの資金調達では、出資判断のポイントにも違いがあります。

銀行の場合、事業計画に加え、「他に借金がないか」「担保や保証人を用意できるか」といった形式的な審査が行われて、貸し倒れのリスクが高いと判断されれば、お金を借りられないことが通常です。

これがＶＣの場合、銀行ほど形式的な要素が重視されることはなく、将来的に大きく事業の成長が期待できるスタートアップであれば、大きなお金を出資してくれます。

実際には、投資先を選ぶ基準はＶＣによって異なるのですが、多くの場合は起業家個人の資質とチーム、プロダクト、市場規模、ビジネスモデルが見られることが多いです。

僕自身も、起業して間もないスタートアップを支援する「エンジェル投資家」として、30社ほどに投資をしていますが、まだプロダクトがないタイミングで出資することもあります。

その際は、やはり起業家の資質に一番注目します。ビジネスモデルや財務状況なども確認するのですが、「**どんな人がやっているのか**」「**やり通せる人なのか**」ということを見ているのです。

感覚的なところも多く、銀行の融資と比較して、再現性を見出す難易度は高いです。

このように銀行とＶＣでは着眼点が違うので、**銀行からは１００万円の融資も受けられないスタートアップが、ＶＣから億単位の資金を得るケースもあります。**

クラウドワークスの例でいえば、最初は創業者の自己資金でスタートしました。それから３カ月～半年ほどたった段階で、ＶＣから３億円を調達、その半年後にさらに11億円を調達しました。11億円を調達した時点での年商は、調達金額よりはるかに小さなものでした。

あの状況で銀行から融資を受けようとしても、リスクが高いということで十億円単位の融資を受けることは難しかったと思います。それでも、上場する期待があったからこそ、株式での資金調達が可能だったのです。

そして、この資金のおかげでクラウドワークスは急成長を実現し、**創業から３年１カ月で上場を果たしました。**

ＶＣは金銭的な支援だけでなく、ノウハウや人脈などの付加価値も提供してくれます。ＶＣによる投資が活況を見せる今、スケールの大きなビジネスをしたい人にとっては、本当にいい時代になっていると思います。

大学生や高校生でもアイデア１つでビジネスを展開し、世の中の人々に付加価値を提供できるわけですから、これ以上にエキサイティングなことはありません。

資金調達にはデメリットもある

ここまでの説明で、VCからの資金調達はメリットしかないと思われたかもしれませんが、決してそうではありません。

まず認識しておくべきなのは、繰り返しますが、株式の資金調達には資本コストがともなうということ。VCから株式で資金調達をする場合、資本コストを上回るリターンを出すこと、つまり**株式上場や会社の売却を目指すことが求められる**のです。

VCが多額の資金をスタートアップに投じているのは、投資したスタートアップが上場、または売却することによって、株式の売却益を得ることを期待しているからです。

そのためVCは出資するからには経営に口を出すこともあり、ときには必要な場面で起業家にプレッシャーをかけることもあります。

VCとの契約通りに経営ができなければ、株式の買いとりを求められることもあり得ます。

株式による資金調達には経営の自由度が下がる側面があるため、「絶対に上場までもっていける」

という確信が得られる実績や数字がつくまでは、VCから資金調達をすることは控えたほうがいいともいえます。

事業資金を得るには、どんな方法にせよ代償（資本コスト）があることを認識してください。

その点、一番コストが安いのは自己資金です。お金を貯めるための時間と労力は代償となりますが、いったん貯まったら誰に気がねすることなく、自分のペースで事業を進めることができます。

次に資本コストが高いのが、元本に加えて金利を返す必要がある借金です。借りたお金を使って、その代償を超えるだけの利益を生み出せるのかをシビアに考えるべきです。

そして、最も資本コストがかかるのが、VCなどの株式による資金調達です。この方法は返済がいらないので資本コストがないように思われがちですが、これまで説明したように、急成長とともに株式の上場や売却を求められ、それが経営上のプレッシャーにもなり得ます。

お金を出してくれた人にきちんとリターンを返せる自信がないのであれば、借金やVCからの資金調達をするべきではありません。「お金がないからとりあえず借りよう」「株式で調達しよう」という考えは、とてもリスキーです。

この10年ほどで資金調達の環境が充実しており、能力次第でお金を集められる時代になっているのは確かですが、簡単にお金が引っ張れると思うのなら、それは甘い考えなのです。

やはりお金には慎重であるべきだし、**まずは自己資金をベースにしてコツコツとビジネスを育てていくのを基本にすること**をおすすめします。

チームは少数精鋭がいい

起業するときに、最初に考えておきたいのが「仲間」です。

自分がつくりたいサービスの方向性が見えてきたら、同じ考えを持つ人たちとつながり、創業メンバーを見つけましょう。

１つのビジネスを立ち上げるのに、多くの場合それほど人数は必要ありません。**基本は少数精鋭で、2～3人で立ち上げるのが理想的**です。

クラウドワークスも、吉田さんをはじめとする3人でビジネスモデルを作り、僕が4人目として参加した時点でサービスの形はある程度できていました。

数人では芽が出ないと思うなら、それは必要な初期資本が重いビジネスであり、自己資金ではとり組めないレベルということもあり得ます。

すでに実績がある連続起業家、バイオテクノロジーやハードウェアなどを扱う大規模ビジネスなら話は別ですが、そうでなければ少人数で実現できるビジネスプランをあらためて練り上げるほうが得策です。

イメージとしては、2〜3人で副業や休日を使ってある程度の成果を出せることからはじめる。少人数でビジネスの芽をつくり、形になったら本格化するために起業。そして、仲間の数を増やすという流れを基本と考えてください。

少人数で起業することを意識すると、必要なメンバーのイメージがはっきりしてきます。そして、仲間集めのための具体的な行動を起こしやすいはずです。

たとえば斬新なアプリのアイデアはあるけれど、開発するスキルがないという人は、アプリ開発に強い人を仲間にする必要があります。

さらには自分が思い描くビジョンに共感してくれて、素早く行動に移し、ハードワークにも耐えられるような人が理想的です。

このように具体的な人材像がイメージできれば、求めるタイプの人が集まる場に足を運んだり、SNSで声をかけてみたりといった行動へと自然につながります。

最近はスタートアップ起業家が集まるイベントが多く開催されているので、そうした場でつながりを増やすこともおすすめです。まずはスタートアップや大手IT企業のインターンからはじめて、人的ネットワークをつくっていくのもいいでしょう。

ちなみに、僕は少数精鋭でビジネスをはじめることをすすめていますが、これはあくまで創業に関わるメンバーの話であって、やはり人とのつながりは多いほうがいいです。

起業すると、思ってもみなかったような困難にぶつかるのは当たり前で、組織づくりやプロダクトの開発がうまくいかなかったり、資金繰りに苦戦したりといった問題が起きるものです。

そうしたときに助けてくれる人たちが、スタートアップのエコシステムには必ずいます。僕自身も、そのつながりによって何度も助けられましたし、逆に経営のアドバイスや投資をするなどの支援をすることも少なくありません。

最近では、**IVS（インフィニティ・ベンチャーズ・サミット）**、**ICC（インダストリー・コ・クリエーション）**、**B Dash Camp（ビーダッシュキャンプ）**など、さまざまなスタートアップのコミュニティが形成されています。

都内を中心に、起業家やメンバーが利用できるコワーキングスペースも多数あり、そこに入れば、近しいステージの入居者との出会いも期待できます。そういった場をうまく利用することで、何かあったときに相談できる仲間や先輩をつくることができます。こうした同じ志を持った人同士の関係をつくれるのも、起業家や経営者にとって大事な能力です。

はじめて起業にチャレンジしようとする人は、不安を感じるかもしれません。でも、起業仲間を見つけて、スタートアップのエコシステムに入ることで、経験不足は補完されます。コミュニティに飛び込んで、行動しながら、さまざまなネットワークをつくっていくといいでしょう。

若いときの起業の失敗にリスクはない

スタートアップ起業に挑戦するのであれば、失敗する可能性は常にあります。むしろ失敗する確率のほうが高いでしょう。

いかに優れたビジョンやビジネスモデルを作ったとしても、さまざまな要因でビジネスが頓挫《とんざ》することは普通に起こります。

でも、10代、20代であれば、失敗を過度に恐れる必要はありません。

もちろん成功を目指して全力投球することが前提なのですが、**努力した結果の失敗であれば、いくらでも再起は可能**だからです。

僕が学生起業に失敗した後、運よくクラウドワークスに拾ってもらえたことをお伝えしましたが、同じようなことはスタートアップの世界ではいくらでも起きています。

米シリコンバレーと同じように、日本でもスタートアップのエコシステムができていて、何かに失敗したとしても、新たな活躍の場を得ることはそう難しくはありません。

前述した、クラウドワークスでビズアシを立ち上げた奥野さんも、もともとは楽天を辞めて20代で起業したものの、うまくいかず、その後クラウドワークスに転職しています。そして、30代で上場企業の役員になっています。

起業に失敗したとしても、チャレンジした時点で成功の道が拓かれているともいえるのです。起業すると、世の中の動きやビジネスについて全体感をもってとらえることができます。自分が得意なことや足りないこと、相性のいい人など、いろいろなことがわかってきます。

そんな経験があれば、別のスタートアップに転職したり、独立したり、あるいは起業に再チャレンジしたりするときに必ず役に立ちます。

僕がそうだったように、人生は一度の失敗で終わるものではないのです。

ここまでに紹介してきた5つの働き方は、どれを選んでもいいと思います。

大事なことは目標をしっかり定めること、その目標に向かって動き出すことです。

僕はさまざまなご縁に恵まれ、スタートアップの創業に関わることになり、上場企業の経営を経験しました。世界で通用するプロダクトを作り、多くの人の生活を変えていく。自分のアイデアがビジネスとして世の中に広がっていく喜びは、他では得られないものです。

もし、自分の中に燃える野心があるなら、スタートアップ起業に挑戦することは素晴らしい経験になるはずです。

そして、そういう人が1人でも増えることで、日本はずっといい国になると確信しています。

第4章

自分の人生は
自分で
マネジメントする

目標設定が人生を決める

「目標設定が人生を決める」

これが僕の起業家という冒険において核となる考えです。

目標を立てるとき「何をすべきか」から考えはじめる人が多いかもしれませんが、僕は「何を目指すべきか」を先に考えるようにしています。

目標を明確にすることで、現実と目標との差が明確になります。そうなれば、何をするべきかが自然と見えてくるのです。前章で説明した5つの働き方を選ぶときも、自分の目標によって、ふさわしい選択が見えてくるようになります。

たとえば「1年後に収入を月5万円増やす」という目標を立てたなら、副業が選択肢に入ってくるでしょう。そして、副業に使える時間を計算し、目標金額を達成できる副業を探します。

あるいは、「本業と違った経験を積む」という目標を立てたなら、興味のある分野で副業を受け入れている企業を探すようになり、実際に応募・面接と進むことになるでしょう。

具体的な目標もなく漠然と副業しようとしても、おそらくしっくりくる選択はできません。結局は面倒くさくなって、実際に行動しないまま終わってしまうでしょう。

自由な働き方を目標にするなら独立を、大きなビジネスをつくりたいならスタートアップ起業といったように、まずは自分がどう生きたいかを具体的に決めてから行動を起こすことが大切です。

目標設定が大事なのは、仕事やキャリアに限ったことではありません。人間関係や家族関係、お金、生活水準、自由度、健康など、あらゆる場面で具体的な目標を立てたほうがいいです。

数多くの目標を同時に達成するのは難しいかもしれませんが、そういうときは「**どの目標をどれくらい重視したいか?**」ということを考えてみましょう。

仕事にフルコミットしたい人もいれば、仕事より家族との時間を優先したい人もいるでしょう。何に価値を認めるかは自分が決める。他人から答えを得ようとするよりも、まずは自分の頭で考えてみてください。

①人生にいくつかの選択肢があることを理解し、その中で目標を決める
②現状と目標の差を明確にして理解し、行動によりその差を埋めていく

僕がこれまでの人生でやってきたのは、基本的には①と②の繰り返しです。シンプルですが、これこそが最高の戦略だと思っています。

「何からはじめるべきか？」を考えすぎない

目標設定が大事だとわかってはいても、「目標を立てようとしても、何も思いつかない」という人もいるでしょう。そういう人は、目標設定を少し大げさに考えすぎているのかもしれません。

目標はいくつあってもいいし、いつ修正しても構いません。

「まずは収入を1万円増やしたい」というのも立派な目標ですし、「時価総額1兆円の会社をつくる」という大きな目標だっていい。規模の大小は、個人の考え方次第。なんでもいいのです。

目標設定に細かいルールはなく、1年先でも3年先でも10年先でも30年先の目標だっていいのです。紙に書いても書かなくても、スマホにメモしてもしなくても、どちらでもいいです。

大事なのは、まずは自分で目標を立ててから、一歩を踏み出すことです。

「それでも、どうしたらいいかわからない……」という人は、まず手はじめに、わかりやすい目標を思いついた順に書き出してみてください。

制約は設けず、自分にダメ出しもしないで、思いつくままに書き出してみる。その後でどれがいいか1つピックアップしてみるのです。

「1年後までに年収を50万円増やす」という目標をピックアップしたとしましょう。

1年後に50万円増やすなら、1カ月当たり4万円ほど収入をアップする必要があります。

これを今勤めている会社で実現するのが難しそうなら、副業を視野に入れてみます（大学生や高校生も、学業とは別に、こうしたことを考えてみてもいいかもしれません）。

すると、「週末に時給2000円で副業をすれば、ギリギリ達成できそう」「投資の勉強をして運用益を狙おう」といった具体的な行動に落とし込めます。


「1年後に社内起業したい」という目標を立てたとすると、その目標設定をしっかりと頭の中に入れておくだけで、社内起業を任せられる人材になるために、社内で結果を出すよう努力をしたり、社内の新規事業コンペに挑戦したりと、次の行動につながるはずです。

一度立てた目標がしっくりこなければ、別の目標を考えてみましょう。そうしたトライアル・アンド・エラーを続ければ、より確度の高い目標設定ができるようになります。

そのためにも、**目標を設定したら勇気を出して一歩踏み出してみてください**。

行動してから目標を設定し直すのは問題ないのですが、行動しないまま目標を頻繁に変えていたら、現実は何も変わりません。

自分の中でしっくりくる目標を設定し、覚悟を決め、勇気を出して、前に向かって一歩踏み出してみる。その先には、必ずや今とは違う現実があるはずです。

コンフォートゾーンを飛び出せ

起業教育の名門として知られ、トヨタ自動車の豊田章男氏などを輩出した米バブソン大学では、**「getting out of your comfort zone」**（**コンフォートゾーン〈心地よい領域〉を飛び出すこと**）の重要性をたたきこまれるといいます。

現状維持ともいえるコンフォートゾーンから意識的に飛び出すことは、人生戦略においてとても重要です。

僕は、学生時代にスタートアップで働いたことや、学生起業に挑戦したこと、新卒で入った会社で役員として上場を目指したことなど、人生の節目節目で意識的にコンフォートゾーンを飛び出してきました。

現状に安住することなく、勇気を出して新たな世界に飛び込んだことで、人生を前向きに変化させてきました。

コンフォートゾーンを飛び出すときに、抵抗感を抱くのは仕方のないことです。むしろ、抵抗感を抱くからこそ、コンフォートゾーンの外にいることがわかります。

年齢を重ねれば重ねるほど、人はライフスタイルや価値観、行動が固定しがち。コンフォートゾーンを飛び出すことに、恐怖を感じやすくなります。

自分の年齢や職歴などを言い訳にして、固定観念が行動をブロックしがちでもあります。そうしたストッパーをはずして、行動を起こし続けることができれば、社会で勝負し続けるための自分の鮮度を保つことにもつながります。

行動のきっかけは、ささいなことでもいいです。行ったことのないイベントに参加したり、自分とは異なる分野の人をＳＮＳでフォローしたり、それだけでも普段の生活では知り得ない情報が入ってきて、だんだんとコンフォートゾーンの外側の世界に慣れていきます。

コンフォートゾーンの外に出る行動を意識的に繰り返せば、環境適応能力は飛躍的に上がります。副業するにも、独立するにも、転職するにも、起業するにも、より積極的に行動を起こせるようになるはずです。

こうして慣れない環境に対する耐性がつけば、不安に満ちた人生が、違ったように見えてくるはずです。変化が激しい現代においても、変化に適応し、変化を楽しみながら、自分らしい人生を送ることができます。

目標達成のためのフレームワーク「SMART」

僕が目標設定の大切さを最初に意識したのは、大学受験のときでした。

すでに書きましたが、高3のときに5カ月後の試験に向けて、どの教科をどれくらいの時間をかけて勉強するか、どれくらいの点数がとれる状態を目指すのかといったことを決めてから、本格的に勉強をはじめたのです。

後から知ったことですが、僕がやっていたことは、企業経営に使われる「**SMART**」というフレームワークと似ています。これは、5つの要素の頭文字からとった目標設定の指標です。

目標設定に役立つフレームワーク、「SMART」とは？

要素① Specific（具体的に）

要素② Measurable（測定可能な）

要素③ Achievable（達成可能な）

要素④　Related（経営目標に関連した）
要素⑤　Time-bound（時間制約がある）

ＳＭＡＲＴの考え方は、企業経営だけでなく、人生のいろいろな場面で使えます。たとえば、要素④「Related（経営目標に関連した）」を「自分の成し遂げたいことに関連する」と考えれば、キャリアチェンジや人間関係、余暇の使い方などに応用できます。

目標設定の間違いとしてよくあるのが、**〝曖昧な目標を立ててしまう〟**ことです。

たとえば、「収入を増やしたい」「起業したい」という目標は具体性に欠けるため、行動に落とし込むのが難しくなります。

自分の成し遂げたいこととの関連も見えにくく、モチベーションがわきません。

そこで、ＳＭＡＲＴのすべての要素を押さえつつ、「独立資金を貯めるために、年内に月収を５万円増やす」としてみます。すると、目標達成のための行動が一気に浮かびやすくなります。

「目標に向けて努力する！」と意気込んだところで、行動につながらなければ現実は変わりません。目標設定を単なるかけ声にしないためにも、ＳＭＡＲＴを意識しながら、自分らしい目標を考えてみてください。

自分の強みを見つけるには？

目標を考えるうえで、よりどころの1つになるのが、「自分の強み」を自覚することです。その強みを最大限発揮しようと考えれば、自然と自分が進むべき方向が見えてきます。

ただし、社会人としてそれなりの経験年数があっても、「自分の強みがわからない」という人は少なくないようです。

僕がいたクラウドワークスでは以前、40代から50代の大企業社員を対象に副業セミナーを開催していたのですが、「**自分の強みがわかりません**」という声を少なからず耳にしました。

このように強みを自覚できていないと、〝**人生の迷子**〟になってしまいかねません。自分の強みを自覚して自信を持って働くことができなければ、転職や独立、起業といったチャレンジに踏み出すこともままならないのです。

そのような人も、自分の〝**スキルの棚卸し**〟をすることによって、いくつかの強みが見つかるものです。まずは自分に強みがあることを信じて、丁寧に掘り下げていきましょう。

自分の強みがわからない人は、160ページで触れた自分の性格を分析するエニアグラムなどのツールを使ってもいいですし、過去の意思決定や挑戦を振り返ることも効果的です。自分の幼い頃までさかのぼって、人生のターニングポイントで何を考え、どんな挑戦をしてきたのかを振り返ってみてください。

そこには自分では気づいていなかった強みがあるはずです。

たとえば、学校を卒業して社会に出ようとしたときの職業選択もヒントになります。「営業の仕事をする」と意思決定した人は、対人コミュニケーションに自信があったのではないでしょうか。

あるいは、過去の成功体験もヒントになります。

自ら販路を開拓して他社との提携契約までこぎつけたとか、広報部門に所属してメディアへのアプローチから取材対応までを1人でこなし、記事を掲載してもらったとか、そういった自分の成功体験を1つひとつ振り返ってみましょう。

これまでの意思決定や成功体験の背景には、「これならやれそう」という気持ちがあったはず。そこに、あなたの強みが隠れています。

そのような強みを見つけたら、いかに自分の仕事や生活に活かせるかを考えてみるのです。

見つけた自分の強みを育てる

自分の強みを見つけるだけでなく、その強みを育てることも大切です。

営業、マーケティング、税務、法務、経営戦略、ＩＲ（投資家向け広報）など、なんでもいいのですが、**「自分はこれで強くなるんだ」という意志を持つことからすべてがはじまります。**

そして、その強みを他者にも伝えて、人から感謝されるレベルまでスキルを昇華させる。これができれば、副業、転職、独立、起業など、すべてにつながる大きな価値になります。

僕がクラウドワークスにいた頃、マネージャーとよく「**今やっている業務で、イベントに呼ばれて登壇できるようになろう**」「**お金を払ってでも話を聞きたいと思われるレベルまで高めよう**」と話していました。

イベントに呼ばれる存在になるには、何か秀でた強みがなくてはいけません。もちろん、それだけではなく他人に知ってもらう存在になるために情報を発信したり、コミュニティに入り込んだりする必要もあるのです。

そのような意識を持てば、やがて何かしらの行動が生まれます。

明日からコンテンツプラットフォーム「ｎｏｔｅ」に記事の投稿をはじめたり、X（旧・ツイッター）やスレッズで、自分の得意領域に関する発信をしたりするかもしれません。あるいは、読んだ本の要点をまとめて、それを会社のメンバーや上司に提出して、自社の改善点を提案するかもしれません。

たとえば、「3年で、自分の得意領域でイベントに呼ばれる人になる」という目標を設定してみる。そうすれば継続的な行動や勉強が求められますし、学んだことを言語化し、世の中の人にわかりやすく伝えるスキルも養う必要があります。これらを意識すれば、自分の強みがより磨かれていきます。

とにかく目標を決め、思い浮かんだことを行動に移していくことが大事です。

さらに成長の速度を上げたいのであれば、**目標設定をより具体的に、なおかつハイレベルにする**ことをおすすめします。スポーツや楽器の練習などと同じように、自分に対して徐々に高い目標を課して負荷を高めるのです。

イベントに登壇することを目指すにしても、10人未満の小規模なイベントと、50人とか１００人以上のイベントではレベルが違います。

あえて大規模なイベントをイメージすれば、より難易度の高い行動を起こしやすくなります。

そうやって今の自分より高いレベルの目標をイメージすることで、「そのレベルのイベントに出るには、関連書を10冊以上読んでおかないといけないだろう」「業界の人とつながりをもっと増やそう」といったような行動が促され、自分の強みを一段高いレベルにもっていくことができます。

どのような働き方であれ、自分の強みを探し、育てる意識を持つことは大事です。

前述のクラウドワークスの副業セミナーを受けて、自分の強みを見つけた人もいましたが、もっと早くに自分の強みを理解していれば、より多くの可能性に向かって進めたはずです。

エンジニアとして働いている人であれば、「このプログラミング言語に強い」とか「こういうアプリを作れる」といった強みを、1つひとつ育てていくことで、転職や独立、起業など、さまざまなチャレンジができると思います。

営業職であれば、「営業戦略を立てられる」「新人育成のプランをつくれる」「営業管理の精度を高められる」といった能力を分解して、自分の強みに結びつけることができれば、スキルアップの度合いと速度が同時に高まります。

漫然と働いている人は、自分の強みに目を向けることがないので、キャリアチェンジのチャンスも訪れません。

日々の仕事にも目標設定が大事なのです。ただ与えられた仕事をするのではなく、人に教えて感謝されるくらいのレベルを目指せば、どこでも活躍できる人材になれます。

「アンラーン」がキャリアアップの鍵を握る

僕はさまざまな起業家と交流がありますが、素晴らしい成果をあげる起業家には、ある共通点があります。

それは、**過去をリセットする「アンラーン」**を積極的に自分に課している点です。

過去の経験や古い考え、思い込みなどをいったん忘れて、真っさらな状態で新しい学びを得る。

これには、変化の激しい現代において、非常に大きな意味があります。

かつて「パソコンが使えれば、仕事にあぶれることはない」といわれた時代があったそうですが、それを真に受けてアンラーンがなかったら、どうなるでしょうか。

いまや文章や画像、映像の作成といったクリエイティブな領域さえもＡＩが代替しようとしていて、１つの技能で一生食べていける時代は過去のものになりました。

今後は、ＡＩができること、できないこと、これからできるようになることをしっかり見据えて、ＡＩの有効活用までイメージしていく必要があります。

そのためには、アンラーンして、学び直すことが欠かせません。

長いスパンで活躍し続けるには、アンラーンによって思い込みの壁を壊し、新しい学びを受け入れなくてはいけません。

次のようなことを、好奇心を持って考え、積極的に学ぶことが大切です。

- **なぜこの方法でやっているのか？**
- **この方法は本当に効果的なのか？**
- **この方法は今後も有効なのか？**
- **他にどんな方法があるのか？**
- **自分は何を学ぶべきなのか？**

アンラーンにおいて肝となるのは、「**学ぶ前に捨てる**」ということ。

これまでは、「知識は積み重ねて発展させるもの」という認識が一般的でした。たとえば、簿記2級に合格したら、次は簿記1級。英語なら、ひたすらＴＯＥＩＣの高得点を目指すといった具合です。

でも、そうした思考にとらわれていると、いつの間にか時代の変化に合わなくなってしまいます。

「自分は経理畑の人間だから、経理だけやっておけばいい」といった固定観念に縛られていたら、自分で自分の可能性を狭めることにもなりかねません。

広い視点で、今の社会はどうなっていて、新しい技術は何で、それは自分の業務とどう関係するか？　そんなふうに社会全体の動向に好奇心を持って、積極的にアンラーンする必要があります。

僕自身、これまでの人生でアンラーンを繰り返してきました。

クラウドワークスに入ってから、Ｗｅｂサービスのプロダクトマネジメント、マーケティング、営業、事業提携、組織マネジメント、新規事業の立ち上げなど、さまざまな業務をこなせたのは、「自分はこのジャンル」という固定観念を持たず、アンラーンができていたからだと思っています。

それができていたのは、僕が**常に大局的な目的志向で目標設定をしてきたから**に他なりません。

サービスを広めたいからマーケティングや広告について学ぶ、プロダクトをよくしたいからＩＴを学ぶといったように、仕事上の目的から逆算して、自分が学ぶべきことを見つけてきました。

目標から学ぶべきことを決めるのは、大学受験でもビジネスマンの学びでも変わりません。

既存の知識にあぐらをかかず、かといってむやみに新しい知識に飛びつくわけでもなく、起業家という冒険の観点から学びを深めていくことが重要です。

3つの視点で自分を深く省みる

目標設定をすると、入ってくる情報も自ずと変わってくるものです。

目標を設定せずに漠然と本を読んだりニュースを目にしたりしても、それほど知識が身につかず、行動にもつながりません。

でも、目標があれば、その目標に関する知識は自然と入ってきます。「今日見た黄色いものは何？」と聞かれてもほとんど思い浮かびませんが、「今日は黄色いものを見つけよう」と目標を掲げれば、次々に見つかるのと同じで、同じ人でも意識の違いによって目にする世界が変わります。

逆にいえば、目標設定さえはっきりしていれば、情報のとり入れ方にそれほどこだわる必要はありません。X（旧・ツイッター）、ブログ、ユーチューブ、ニュース媒体、本など、情報はどこにでもありますし、とりあえずググれば、ほとんどの情報は得られます。

さらには、気になったイベントがあれば参加してみる、人に会う。この積み重ねで、未来の解像度は上がっていきます。

起業に興味がある人は、過去の起業家や経営者が何を考え、どう行動してきたかを学ぶことが有効です。

インターネットでもフロー（流れる）の情報はたくさん出ていますが、ストック（貯める）情報としては本がおすすめです。

そこで、起業関連の僕がおすすめする本を3冊あげておきます。

『起業の科学 スタートアップサイエンス』（日経BP）
『ゼロ・トゥ・ワン 君はゼロから何を生み出せるか』（NHK出版）
『リーンスタートアップ』（日経BP）

目標に関連した情報を得ることに加えて、世の中が進む方向をキャッチすることも大切です。

情報を得るということは、未来を知ることにつながります。技術のトレンド、政治のトレンド、日本の人口動態、経済バランスなどを知ることによって、将来の目標設定がより具体的なものになっていきます。

たとえば2050年の社会を予測した本を読んで、そこで知ったキーワードを根気強く調べてみると、人生設計のヒントになるかもしれません。

事実や予測情報をたくさん得ていけば、自ずと進むべき道は見えてくるものです。

“自分の強み”を理解する3つの方向性

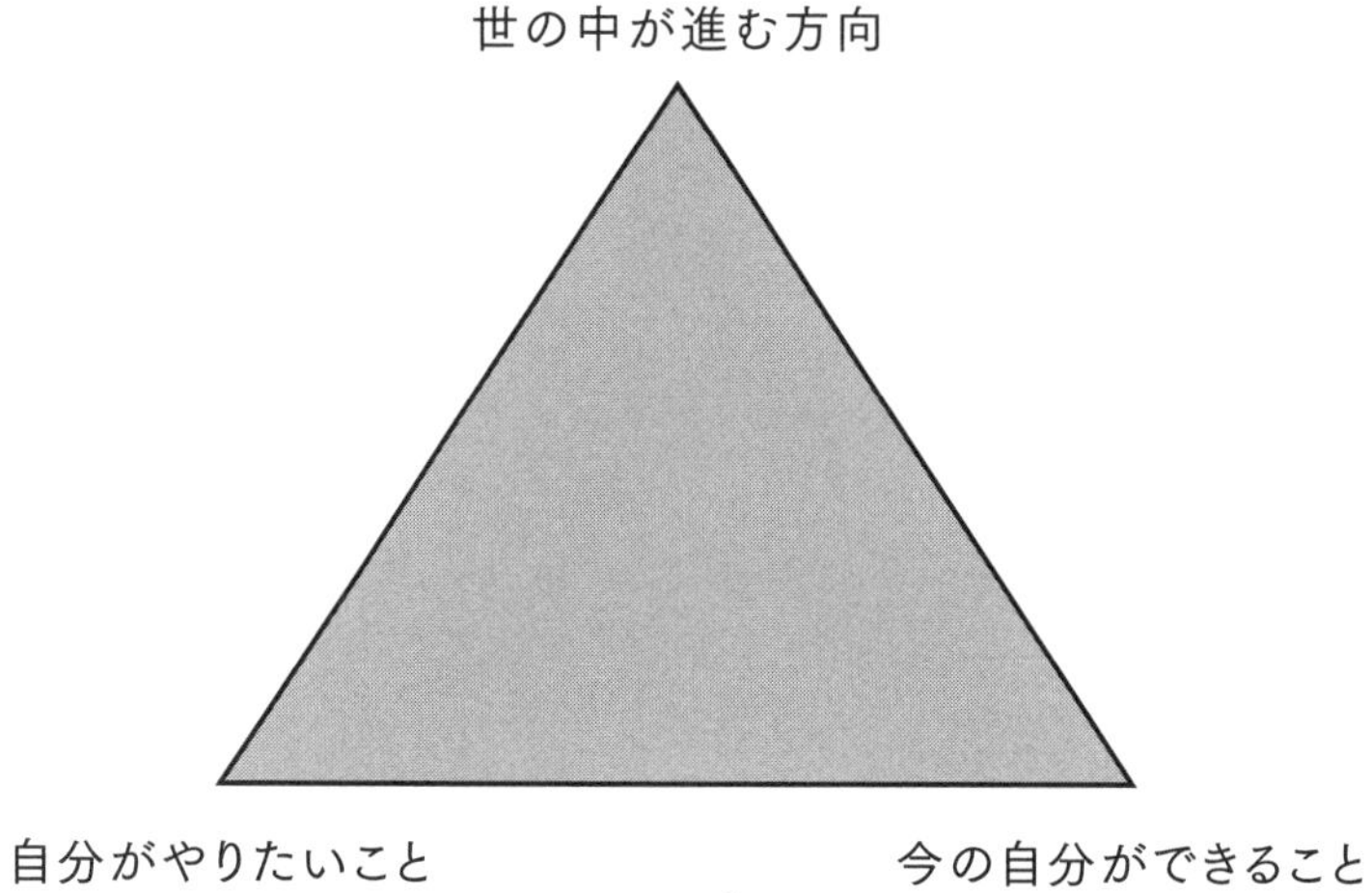

これからの日本は高齢化社会に向かっていて、労働力は減る一方です。

インドのＧＤＰ（国内総生産）の成長率や人口増加を見れば、今後インド経済が急成長する可能性は高いと考えられます。

技術の進化について目を向けると、インターネットとスマホの革命が一段落し、ＡＩ革命の段階に入りました。こういった大局的な情報をまず得ながら、具体的な情報を調べていくといいです。

そのうえで、「**世の中が進む方向**」と「**自分がやりたいこと**」さらに「**今の自分ができること**」の三角形を描いて考えてみてください。

この三角形から、自分にとってどういう業界を目指すのがいいのか、そこで何がやりたいのかが見えてくるはずです。

もしも「自分がやりたいこと」と「今の自分ができること」にギャップがあると思うなら、

そのギャップを埋める必要があります。

この点を把握すると、自分が学ぶべきことが見えてくるでしょう。

「世の中が進む方向」と「自分がやりたいこと」にギャップがあるなら、今の時代に合うやり方を考えることが大切です。


自分の強みを理解している人は、社会の進む方向やトレンドを押さえながら、自分の考えや言動、行動について深く省みることができます。

そして、「世の中が進む方向」「自分がやりたいこと」「今の自分ができること」という3つの要素を踏まえて、**自分が抱えるギャップを合理的に埋めていきます。**

その結果、社会的なインパクトを生めるスキルを効率的に育てることができます。すると、自ずとどんな組織にいても活躍できるようになるのです。

リスクのないところにリターンはない

僕がこれまでの起業家という冒険を通して学んだことに、「**リスクがないところにリターンはな**

い」ということがあります。

これまでを振り返ると、意思決定をするときには、いつも多くの人が選択しそうなコンフォートゾーンから意識的に外れることを心がけてきました。

自己資金や投資家からの援助で学生起業にチャレンジしたことは、リスクを負う行為であり、明らかにコンフォートゾーンから飛び出す経験でした。

結果的には事業に失敗してしまったわけですが、それがきっかけでクラウドワークスの創業メンバーになれたことは、繰り返し述べてきた通りです。

大手企業の内定を蹴ってまでリスクをとったことで、僕は自己成長の意味でも、金銭的にも、人的なつながりにおいても、大きなリターンを得ることができました。

投資の世界では「**リスクとリターンは比例する**」というのは常識です。銀行預金はほぼノーリスクですが、リターンもほぼゼロ。一方、株式投資の場合、株価が落ちて損をするリスクがある一方で、大きなリターンを得る可能性もあります。

不動産投資でも、多額の銀行融資を受けて大家さんになるリスクを負う一方で、月々の借金返済を上回る賃料収入によって、継続的にリターンを得ることができます。

いずれにしても、**大なり小なりリスクを負うところにこそ、リターンを得るチャンスがある**わけです。

でも、多くの人がリターンを求めながらも、リスクがないところに安住するという矛盾を抱えています。

経済的なリターンや、自分の充実感のリターンを望むなら、他の人がやっていないことをやらないと実現できません。

他の人がやっていない領域というのは当然リスクをともないます。しかし、そのリスクを負ってもチャレンジするということが欠かせないのです。

僕は多くの人に副業や独立、起業などへ挑戦することをすすめていますが、「そんなリスクはとれない」と感じる人もいるでしょう。

でも、**リスクはとれないという考えを乗り越えられなければ、リターンも放棄せざるを得ない**のです。この本を手にとっていただいている方は、今のキャリアや将来像に不安を抱いている人が多いと思います。お子さんがいる親の視点から、何を伝えるべきか悩んでいる人も多いのではないでしょうか？

現時点でなんとか食べていけるだけの収入を得ていたとしても、ここからリスクをとらなければ、大きなリターンを得て、物心ともに豊かになることは難しいです。仕事の面白さや刺激的な人間関係といった、目に見えないリターンも諦めることになってしまいます。

もちろん、ノーリスクでハイリターンを得られるなら、それが一番だと思います。でも、残念ながらそのようなことは、現実にはないのです。

ローリスクこそハイリスクという落とし穴

バブル景気にあったかつての日本では、小さなリスクで大きなリターンを得られたかもしれません。いい大学を出て、大手企業に入れば一生安泰と思われていた時代でもありました。

しかし、いまや日本の人口は減り続けており、大企業の社員でさえも安泰ではありません。前に触れたトヨタ自動車の豊田章男社長（当時）の言葉に象徴されるように、終身雇用制度は本格的に崩壊しつつあります。いや崩壊しているといってもいいでしょう。

ということは、**一見リスクがないように思える働き方をしていると、それが致命的となり悲惨な結末になりかねない**のです。

大企業に勤めている人も、定年までにその会社がなくなる可能性はありますし、そうでなくともリストラの対象になるかもしれません。あるいは大震災のような事態により、国のシステムが崩壊すれば、働き方を変えざるを得ないのです。

それでも今の働き方から飛び出すのが怖いと思う人は、あえて「今の働き方なら安泰」と言えるだけの根拠はあるのかを考えてみてください。

- **いざというとき、今の会社を飛び出しても、同じだけの給料を稼げると思いますか？**
- **安心な老後を送れますか？**

実はローリスクと思われる働き方も、冷静に考えると大きなリスクを抱えているのです。

だったら多少リスクをとっても、リターンを狙える生き方を求めてもいいのではないでしょうか。

つまり「冒険」です。何も全員が裸一貫からスタートアップ起業をするべきだと言いたいわけではありません。

「親に言われたから」「なんとなく居心地がいいから」といった理由で自分の生き方を選択するのではなく、今の時代を生きる誰にとっても、人生の選択にはスタートアップ的なマインドセット、つまり起業家精神が不可欠であることは間違いありません。

そのうえで目標を設定して、**自分の人生を自分でコントロールする**ことが大事なのです。

その具体的な手段が転職であり、副業であり、独立であり、起業であり、現在の職場で頑張り続けることであってもいいのです。

あらためて、今の自分から14歳の自分に、こんな言葉を送りたいと思います。

「**起業家精神を持って自立せよ**」

おわりに

「意外と未来は明るかった」

これまで33年間の人生を振り返って、僕はそんな感想を持っています。

突然、父が蒸発していなくなった14歳のとき、母が倒れた17歳のとき、僕は人生を暗いものと、とらえがちでした。

「自分の力で生きなければ」と覚悟したつもりでも、不安がなくなることはなく、この先うまくいくのか、何をすればいいんだろうかと、内心はもがいていました。

本来、僕は悩みがちな人間なのです。

そんな僕の人生に光を差してくれたのが、**高校生のときに兄が導いてくれた「起業家精神」という言葉**でした。

その後、幸運にも僕は多くの起業家と出会うことができて、また自分なりにリスクを負って挑戦し続けたことで、人生を切り拓いてきました。

僕が過去に行った意思決定で、もっとも意義があったのが、大学生のときに自分で起業にチャレンジをしたことです。

アイデアを形にしたこと、お金の苦労をしたこと、仲間と一緒にとり組んだことなど、たくさんの経験をしたことで、僕は起業家としての目線が身につきました。

起業家としての目線を持つと、自分の人生に対して当事者意識が生まれます。

人間、何かダメなことがあれば、他人のせいにしたくなるものです。親のせい、先生のせい、上司のせい、会社のせい、国のせい、といったように。

でも、そんなふうに考えていても、現実は何も変わりません。

家庭環境からすれば、僕は恵まれていたとはいえませんが、自ら考え、行動したことで、現実は大きく変わりました。

10代の頃は未来を考えるとリスクばかりが頭をよぎり、明るい展望をもてずにいましたが、今はリスクを負うことは決して悪いことではないと思っています。

人生はうまくいくことばかりではないとしても、**自分事としてリスクを受け入れ、現実を変えようと行動すれば、必ず物事は好転します。**

長いトンネルを抜けるように、いつしか光に包まれる日がやってくるのです。

そんなことを、**僕は14歳だったかつての自分に伝えたい**と思います。

創業後４人目のメンバーとして参画し、その後、上場企業となったクラウドワークスを離れ、僕はすでに次に向けて動きはじめています。

起業家として、あるいは投資家として、さらなるスタートアップを育てていこうとしています。これは**自らのコンフォートゾーンから抜け出した行動**といえるでしょう。

僕が今、人生のテーマの１つに掲げているのが「教育」です。

小学生の頃、よく教師から怒られていたことは、本書でも触れた通りです。僕自身にも問題があったかもしれませんが、日本の教育にも問題が少なくないと感じています。

これまでのような学校教育に不満を抱いている人は少なくないでしょう。でも、どう変えればいいかわからないし、学校もすでに大きな組織なので、おいそれと変えることは難しい……。

そのように無力感を覚える人が多くいると感じます。

学校は社会の縮図ですから、学校を変えられなければ、日本の社会に変革を起こせません。次の時代を担える若者を増やすには、個性を思う存分発揮し、成功体験も失敗体験もできるような学びの場が必要です。

だからこそ僕は、新しい形で、自ら目標を設定して行動できる、起業家精神を持った若者を育てていきたいと考えています。

リスクを負って挑戦する日本人が増えれば、これまでの失われた30年から転換し、成長の30年を描くことは不可能ではありません。

戦後の日本は、焼け野原から多くの起業家が生まれ、新しい価値を生み出し、世界にインパクトを与えてきました。それと同じことがこれからできないはずはありません。

僕はこれからも**起業家という冒険**を軸にして、僕と同じ気持ちを抱いている人たちを応援し、日本を起業家精神に満ちた強い国に変える一助になりたいと思っています。

そして、本書がその1つのきっかけになれば、著者としてこれ以上の幸せはありません。

最後まで本書をお読みいただき、ありがとうございました。

2023年9月　成田修造

成田修造（なりた・しゅうぞう）

1989年東京都生まれ。起業家・エンジェル投資家。14歳のときに父親が突如、家族を捨てて失踪し、まもなく母親が脳出血で倒れて半身不随になり破産。東大を受験するも2点足りず不合格となり、奨学金を得て慶應義塾大学経済学部に入学。在学中からアスタミューゼ株式会社に参画し、オープンイノベーション支援サービス「astamuse」の事業企画を手がけたほか、大手人材紹介会社との提携事業の立ち上げなどに携わる。その後、アート作品の解説まとめサイトなどを手がける株式会社アトコレを設立し、代表取締役社長に就任。2012年に株式会社クラウドワークスに参画し、大学4年生にして執行役員になり、創業わずか3年目で株式上場を果たす。上場後は取締役副社長兼COO（最高執行責任者）として全事業を統括し、2022年には取締役執行役員兼CINO（最高イノベーション責任者）として新規事業開発や投資に携わる。2022年12月クラウドワークスを退社し、複数の企業の社外取締役などに就きつつ、起業など新たな道を切り拓くことを決意。

14歳のときに教えてほしかった
起業家という冒険

2023年10月17日　第1刷発行
2023年11月29日　第3刷発行

著者　成田修造
発行所　ダイヤモンド社
〒150-8409　東京都渋谷区神宮前6-12-17
https://www.diamond.co.jp/
電話／03-5778-7233（編集）　03-5778-7240（販売）

ブックデザイン　小口翔平＋畑中茜＋嵩あかり（tobufune）
編集協力　小林義崇
校正　三森由紀子
製作進行　ダイヤモンド・グラフィック社
印刷・製本　三松堂
編集担当　斎藤順

ISBN 978-4-478-11761-3

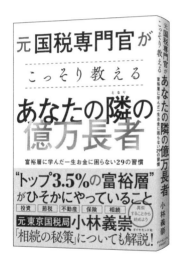